POLACO
VOCABULARIO

PALABRAS MÁS USADAS

ESPAÑOL-
POLACO

Las palabras más útiles
Para expandir su vocabulario y refinar
sus habilidades lingüísticas

3000 palabras

Vocabulario Español-Polaco - 3000 palabras más usadas
por Andrey Taranov

Los vocabularios de T&P Books buscan ayudar en el aprendizaje, la memorización y la revisión de palabras de idiomas extranjeros. El diccionario se divide por temas, cubriendo toda la esfera de las actividades cotidianas, de negocios, ciencias, cultura, etc.

El proceso de aprendizaje de palabras utilizando los diccionarios temáticos de T&P Books le proporcionará a usted las siguientes ventajas:

- La información del idioma secundario está organizada claramente y predetermina el éxito para las etapas subsiguientes en la memorización de palabras.
- Las palabras derivadas de la misma raíz se agrupan, lo cual permite la memorización de grupos de palabras en vez de palabras aisladas.
- Las unidades pequeñas de palabras facilitan el proceso de reconocimiento de enlaces de asociación que se necesitan para la cohesión del vocabulario.
- De este modo, se puede estimar el número de palabras aprendidas y así también el nivel de conocimiento del idioma.

T&P Books Publishing
www.tpbooks.com

ISBN: 978-1-78314-067-1

Este libro está disponible en formato electrónico o de E-Book también.
Visite www.tpbooks.com o las librerías electrónicas más destacadas en la Red.

VOCABULARIO POLACO
palabras más usadas

Los vocabularios de T&P Books buscan ayudar al aprendiz a aprender, memorizar y repasar palabras de idiomas extranjeros. Los vocabularios contienen más de 3000 palabras comúnmente usadas y organizadas de manera temática.

- El vocabulario contiene las palabras corrientes más usadas.
- Se recomienda como ayuda adicional a cualquier curso de idiomas.
- Capta las necesidades de aprendices de nivel principiante y avanzado.
- Es conveniente para uso cotidiano, prácticas de revisión y actividades de auto-evaluación.
- Facilita la evaluación del vocabulario.

Aspectos claves del vocabulario

- Las palabras se organizan según el significado, no según el orden alfabético.
- Las palabras se presentan en tres columnas para facilitar los procesos de repaso y auto-evaluación.
- Los grupos de palabras se dividen en pequeñas secciones para facilitar el proceso de aprendizaje.
- El vocabulario ofrece una transcripción sencilla y conveniente de cada palabra extranjera.

El vocabulario contiene 101 temas que incluyen lo siguiente:

Conceptos básicos, números, colores, meses, estaciones, unidades de medidas, ropa y accesorios, comida y nutrición, restaurantes, familia nuclear, familia extendida, características de personalidad, sentimientos, emociones, enfermedades, la ciudad y el pueblo, exploración del paisaje, compras, finanzas, la casa, el hogar, la oficina, el trabajo en oficina, importación y exportación, promociones, búsqueda de trabajo, deportes, educación, computación, la red, herramientas, la naturaleza, los países, las nacionalidades y más ...

TABLA DE CONTENIDO

GUÍA DE PRONUNCIACIÓN

La letra	Ejemplo polaco	T&P alfabeto fonético	Ejemplo español

Las vocales

A a	fala	[a]	radio
Ą ą	są	[ɔ̃]	[o] nasal
E e	tekst	[ɛ]	mes
Ę ę	pięć	[ɛ̃]	[e] nasal
I i	niski	[i]	ilegal

O o	strona	[ɔ]	costa
Ó ó	ołów	[u]	mundo
U u	ulica	[u]	mundo
Y y	stalowy	[ɪ]	abismo

Las consonantes

B b	brew	[b]	en barco
C c	palec	[ts]	tsunami
Ć ć	haftować	[tʃ]	mapache
D d	modny	[d]	desierto
F f	perfumy	[f]	golf
G g	zegarek	[g]	jugada
H h	handel	[h]	registro

J j	jajko	[j]	asiento
K k	krab	[k]	charco
L l	mleko	[l]	lira
Ł ł	głodny	[w]	acuerdo
M m	guma	[m]	nombre
N n	Indie	[n]	número
Ń ń	jesień	[ɲ]	leña
P p	poczta	[p]	precio
R r	portret	[r]	era, alfombra
S s	studnia	[s]	salva
Ś ś	świat	[ɕ]	China
T t	taniec	[t]	bestia
W w	wieczór	[v]	travieso
Z z	zachód	[z]	desde
Ź ź	żaba	[ʑ]	tadzhik
Ż ż	żagiel	[ʒ]	adyacente

La letra	Ejemplo polaco	T&P alfabeto fonético	Ejemplo español

Las combinaciones de letras

ch	ich, zachód	[h]	mejicano
ci	kwiecień	[tʃ]	porche
cz	czasami	[tʃ]	mapache
dz	dzbanek	[dz]	inglés kids
dzi	dziecko	[dʑ]	tadzhik
dź	dźwig	[dʑ]	tadzhik
dż	dżinsy	[j]	asiento
ni	niedziela	[n]	leña
rz	orzech	[ʒ]	adyacente
si	osiem	[ɕ]	China
sz	paszport	[ʃ]	shopping
zi	zima	[ʑ]	tadzhik

Comentarios

˙ Las letras **Qq, Vv, Xx** se emplean en palabras prestadas solamente

ABREVIATURAS
usadas en el vocabulario

Abreviatura en español

adj	-	adjetivo
adv	-	adverbio
anim.	-	animado
conj	-	conjunción
etc.	-	etcétera
f	-	sustantivo femenino
f pl	-	femenino plural
fam.	-	uso familiar
fem.	-	femenino
form.	-	uso formal
inanim.	-	inanimado
innum.	-	innumerable
m	-	sustantivo masculino
m pl	-	masculino plural
m, f	-	masculino, femenino
masc.	-	masculino
mat	-	matemáticas
mil.	-	militar
num.	-	numerable
p.ej.	-	por ejemplo
pl	-	plural
pron	-	pronombre
sg	-	singular
v aux	-	verbo auxiliar
vi	-	verbo intransitivo
vi, vt	-	verbo intransitivo, verbo transitivo
vr	-	verbo reflexivo
vt	-	verbo transitivo

Abreviatura en polaco

ż	-	sustantivo femenino
ż, l.mn.	-	femenino plural
l.mn.	-	plural
m	-	sustantivo masculino
m, ż	-	masculino, femenino
m, l.mn.	-	masculino plural
n	-	neutro

CONCEPTOS BÁSICOS

1. Los pronombres

yo	ja	[ja]
tú	ty	[ti]
él	on	[ɔn]
ella	ona	['ɔna]
ello	ono	['ɔnɔ]
nosotros, -as	my	[mɨ]
vosotros, -as	wy	[vɨ]
ellos, ellas	one	['ɔnɛ]

2. Saludos. Salutaciones

¡Hola! (fam.)	Dzień dobry!	[dʒɛɲ 'dobrɨ]
¡Hola! (form.)	Dzień dobry!	[dʒɛɲ 'dobrɨ]
¡Buenos días!	Dzień dobry!	[dʒɛɲ 'dobrɨ]
¡Buenas tardes!	Dzień dobry!	[dʒɛɲ 'dobrɨ]
¡Buenas noches!	Dobry wieczór!	[dobrɨ 'vetʃur]
decir hola	witać się	['vitatʃ ɕɛ̃]
¡Hola! (a un amigo)	Cześć!	[tʃɛɕtʃ]
saludo (m)	pozdrowienia (l.mn.)	[pozdrɔ'vɛɲa]
saludar (vt)	witać	['vitatʃ]
¿Cómo estás?	Jak się masz?	[jak ɕɛ̃ maʃ]
¿Qué hay de nuevo?	Co nowego?	[tsɔ nɔ'vɛgɔ]
¡Chau! ¡Adiós!	Do widzenia!	[dɔ vi'dzɛɲa]
¡Hasta pronto!	Do zobaczenia!	[dɔ zɔbat'ʃɛɲa]
¡Adiós! (fam.)	Żegnaj!	['ʒɛgnaj]
¡Adiós! (form.)	Żegnam!	['ʒɛgnam]
despedirse (vr)	żegnać się	['ʒɛgnatʃ ɕɛ̃]
¡Hasta luego!	Na razie!	[na 'raʒe]
¡Gracias!	Dziękuję!	[dʒɛ̃'kue]
¡Muchas gracias!	Bardzo dziękuję!	[bardzɔ dʒɛ̃'kuɛ̃]
De nada	Proszę	['prɔʃɛ̃]
No hay de qué	To drobiazg	[tɔ 'drɔbʲazk]
De nada	Nie ma za co	['ne ma 'za tsɔ]
¡Disculpa! ¡Disculpe!	Przepraszam!	[pʃɛp'raʃam]
disculpar (vt)	wybaczać	[vɨ'batʃatʃ]
disculparse (vr)	przepraszać	[pʃɛp'raʃatʃ]
Mis disculpas	Przepraszam!	[pʃɛp'raʃam]

¡Perdóneme!	Przepraszam!	[pʃɛp'raʃam]
perdonar (vt)	wybaczać	[vi'batʃatʃ]
por favor	proszę	['prɔʃɛ̃]

¡No se le olvide!	Nie zapomnijcie!	[ne zapɔm'nijtʃe]
¡Ciertamente!	Oczywiście!	[ɔtʃi'viçtʃe]
¡Claro que no!	Oczywiście, że nie!	[ɔtʃiviçtʃe ʒɛ 'ne]
¡De acuerdo!	Zgoda!	['zgɔda]
¡Basta!	Dosyć!	['dɔsitʃ]

3. Las preguntas

¿Quién?	Kto?	[ktɔ]
¿Qué?	Co?	[tsɔ]
¿Dónde?	Gdzie?	[gdʒe]
¿Adónde?	Dokąd?	['dɔkɔ̃t]
¿De dónde?	Skąd?	[skɔ̃t]
¿Cuándo?	Kiedy?	['kedi]
¿Para qué?	Dlaczego?	[dʎat'ʃɛgɔ]
¿Por qué?	Czemu?	['tʃɛmu]

¿Por qué razón?	Do czego?	[dɔ 'tʃɛgɔ]
¿Cómo?	Jak?	[jak]
¿Qué ...? (~ color)	Jaki?	['jaki]
¿Cuál?	Który?	['kturi]

¿De quién? (~ hablan ...)	O kim?	['ɔ kim]
¿De qué?	O czym?	['ɔ tʃim]
¿Con quién?	Z kim?	[s kim]

| ¿Cuánto? | Ile? | ['ile] |
| ¿De quién? (~ es este ...) | Czyj? | [tʃij] |

4. Las preposiciones

con ... (~ algn)	z	[z]
sin ... (~ azúcar)	bez	[bɛz]
a ... (p.ej. voy a México)	do	[dɔ]
de ... (hablar ~)	o	[ɔ]

| antes de ... | przed | [pʃɛt] |
| delante de ... | przed | [pʃɛt] |

debajo de ...	pod	[pɔt]
sobre ..., encima de ...	nad	[nat]
en, sobre (~ la mesa)	na	[na]

| de (origen) | z ..., ze ... | [z], [zɛ] |
| de (fabricado de) | z ..., ze ... | [z], [zɛ] |

| dentro de ... | za | [za] |
| encima de ... | przez | [pʃɛs] |

5. Las palabras útiles. Los adverbios. Unidad 1

¿Dónde?	Gdzie?	[gdʒe]
aquí (adv)	tu	[tu]
allí (adv)	tam	[tam]

en alguna parte	gdzieś	[gdʒeɕ]
en ninguna parte	nigdzie	['nigdʒe]

junto a ...	koło, przy	['kɔwɔ], [pʃi]
junto a la ventana	przy oknie	[pʃi 'ɔkne]

¿A dónde?	Dokąd?	['dɔkɔ̃t]
aquí (venga ~)	tutaj	['tutaj]
allí (vendré ~)	tam	[tam]
de aquí (adv)	stąd	[stɔ̃t]
de allí (adv)	stamtąd	['stamtɔ̃t]

cerca (no lejos)	blisko	['bliskɔ]
lejos (adv)	daleko	[da'lɛkɔ]

cerca de ...	koło	['kɔwɔ]
al lado (de ...)	obok	['ɔbɔk]
no lejos (adv)	niedaleko	[neda'lekɔ]

izquierdo (adj)	lewy	['levi]
a la izquierda (situado ~)	z lewej	[z 'levɛj]
a la izquierda (girar ~)	w lewo	[v 'levɔ]

derecho (adj)	prawy	['pravi]
a la derecha (situado ~)	z prawej	[s 'pravɛj]
a la derecha (girar)	w prawo	[f 'pravɔ]

delante (yo voy ~)	z przodu	[s 'pʃɔdu]
delantero (adj)	przedni	['pʃɛdni]
adelante (movimiento)	naprzód	['napʃut]

detrás de ...	z tyłu	[s 'tiwu]
desde atrás	od tyłu	[ɔt 'tiwu]
atrás (da un paso ~)	do tyłu	[dɔ 'tiwu]

centro (m), medio (m)	środek (m)	['ɕrɔdɛk]
en medio (adv)	w środku	[f 'ɕrɔdku]

de lado (adv)	z boku	[z 'bɔku]
en todas partes	wszędzie	['fʃɛdʒe]
alrededor (adv)	dookoła	[dɔ:'kɔwa]

de dentro (adv)	z wewnątrz	[z 'vɛvnɔ̃tʃ]
a alguna parte	dokądś	['dɔkɔ̃tɕ]
todo derecho (adv)	na wprost	['na fprost]
atrás (muévelo para ~)	z powrotem	[s pɔv'rɔtɛm]

de alguna parte (adv)	skądkolwiek	[skɔ̃t'kɔʎvek]
no se sabe de dónde	skądś	[skɔ̃tɕ]

primero (adv)	po pierwsze	[pɔ 'perfʃɛ]
segundo (adv)	po drugie	[pɔ 'druge]
tercero (adv)	po trzecie	[pɔ 'tʃɛtʃe]

de súbito (adv)	nagle	['nagle]
al principio (adv)	na początku	[na pɔt'ʃɔ̃tku]
por primera vez	po raz pierwszy	[pɔ ras 'perfʃɨ]
mucho tiempo antes ...	na długo przed ...	[na 'dwugɔ pʃɛt]
de nuevo (adv)	od nowa	[ɔd 'nɔva]
para siempre (adv)	na zawsze	[na 'zafʃɛ]

jamás, nunca (adv)	nigdy	['nigdɨ]
de nuevo (adv)	znowu	['znɔvu]
ahora (adv)	teraz	['tɛras]
frecuentemente (adv)	często	['tʃɛnstɔ]
entonces (adv)	wtedy	['ftɛdɨ]
urgentemente (adv)	pilnie	['piʎne]
usualmente (adv)	zwykle	['zvɨkle]

a propósito, ...	a propos	[a prɔ'pɔ]
es probable	może, możliwe	['mɔʒɛ], [mɔʒ'livɛ]
probablemente (adv)	prawdopodobnie	[pravdɔpɔ'dɔbne]
tal vez	być może	[bɨtʃ 'mɔʒɛ]
además ...	poza tym	[pɔ'za tɨm]
por eso ...	dlatego	[dʎa'tɛgɔ]
a pesar de ...	mimo że ...	['mimɔ ʒɛ]
gracias a ...	dzięki	['dʒɛ̃ki]

qué (pron)	co	[tsɔ]
que (conj)	że	[ʒɛ]
algo (~ le ha pasado)	coś	[tsɔɕ]
algo (~ así)	cokolwiek	[tsɔ'kɔʎvek]
nada (f)	nic	[nits]

quien	kto	[ktɔ]
alguien (viene ~)	ktoś	[ktɔɕ]
alguien (¿ha llamado ~?)	ktokolwiek	[ktɔ'kɔʎvek]

nadie	nikt	[nikt]
a ninguna parte	nigdzie	['nigdʒe]
de nadie	niczyj	['nitʃɨj]
de alguien	czyjkolwiek	[tʃɨj'kɔʎvek]

tan, tanto (adv)	tak	[tak]
también (~ habla francés)	także	['tagʒɛ]
también (p.ej. Yo ~)	też	[tɛʃ]

6. Las palabras útiles. Los adverbios. Unidad 2

¿Por qué?	Dlaczego?	[dʎat'ʃɛgɔ]
no se sabe porqué	z jakiegoś powodu	[z ja'kegɔɕ pɔ'vɔdu]
porque ...	dlatego, że ...	[dla'tɛgɔ], [ʒɛ]
por cualquier razón (adv)	po coś	['pɔ tsɔɕ]
y (p.ej. uno y medio)	i	[i]

o (p.ej. té o café)	albo	['aʎbɔ]
pero (p.ej. me gusta, ~)	ale	['ale]
para (p.ej. es para ti)	dla	[dʎa]

demasiado (adv)	zbyt	[zbɨt]
sólo, solamente (adv)	tylko	['tɨʎkɔ]
exactamente (adv)	dokładnie	[dɔk'wadne]
unos …,	około	[ɔ'kɔwɔ]
cerca de … (~ 10 kg)		

aproximadamente	w przybliżeniu	[f pʃibli'ʒɛny]
aproximado (adj)	przybliżony	[pʃibli'ʒɔnɨ]
casi (adv)	prawie	[prave]
resto (m)	reszta (ż)	['rɛʃta]

cada (adj)	każdy	['kaʒdɨ]
cualquier (adj)	jakikolwiek	[jaki'kɔʎvjek]
mucho (adv)	dużo	['duʒɔ]
muchos (mucha gente)	wiele	['vele]
todos	wszystkie	['fʃistke]

a cambio de …	w zamian za …	[v 'zamʲan za]
en cambio (adv)	zamiast	['zamʲast]
a mano (hecho ~)	ręcznie	['rɛntʃne]
poco probable	ledwo, prawie	['ledvɔ], ['pravje]

probablemente	prawdopodobnie	[pravdɔpɔ'dɔbne]
a propósito (adv)	celowo	[tsɛ'lɔvɔ]
por accidente (adv)	przypadkiem	[pʃi'patkem]

muy (adv)	bardzo	['bardzɔ]
por ejemplo (adv)	na przykład	[na 'pʃikwat]
entre (~ nosotros)	między	['mendzɨ]
entre (~ otras cosas)	wśród	[fɕrut]
tanto (~ gente)	aż tyle	[aʒ 'tɨle]
especialmente (adv)	szczególnie	[ʃtʃɛ'guʎne]

NÚMEROS. MISCELÁNEA

7. Números cardinales. Unidad 1

cero	zero	['zɛrɔ]
uno	jeden	['edɛn]
dos	dwa	[dva]
tres	trzy	[tʃi]
cuatro	cztery	['tʃtɛri]

cinco	pięć	[pɛ̃tʃ]
seis	sześć	[ʃɛctʃ]
siete	siedem	['cedɛm]
ocho	osiem	['ɔcem]
nueve	dziewięć	['dʒevɛ̃tʃ]

diez	dziesięć	['dʒecɛ̃tʃ]
once	jedenaście	[edɛ'nactʃe]
doce	dwanaście	[dva'nactʃe]
trece	trzynaście	[tʃi'nactʃe]
catorce	czternaście	[tʃtɛr'nactʃe]

quince	piętnaście	[pɛ̃t'nactʃe]
dieciséis	szesnaście	[ʃɛs'nactʃe]
diecisiete	siedemnaście	[cedɛm'nactʃe]
dieciocho	osiemnaście	[ɔcem'nactʃe]
diecinueve	dziewiętnaście	[dʒevɛ̃t'nactʃe]

veinte	dwadzieścia	[dva'dʒectʃa]
veintiuno	dwadzieścia jeden	[dva'dʒectʃa 'edɛn]
veintidós	dwadzieścia dwa	[dva'dʒectʃa dva]
veintitrés	dwadzieścia trzy	[dva'dʒectʃa tʃi]

treinta	trzydzieści	[tʃi'dʒectʃi]
treinta y uno	trzydzieści jeden	[tʃi'dʒectʃi 'edɛn]
treinta y dos	trzydzieści dwa	[tʃi'dʒectʃi dva]
treinta y tres	trzydzieści trzy	[tʃi'dʒectʃi tʃi]

cuarenta	czterdzieści	[tʃtɛr'dʒectʃi]
cuarenta y uno	czterdzieści jeden	[tʃtɛr'dʒectʃi 'edɛn]
cuarenta y dos	czterdzieści dwa	[tʃtɛr'dʒectʃi dva]
cuarenta y tres	czterdzieści trzy	[tʃtɛr'dʒectʃi tʃi]

cincuenta	pięćdziesiąt	[pɛ̃'dʒecɔ̃t]
cincuenta y uno	pięćdziesiąt jeden	[pɛ̃'dʒecɔ̃t 'edɛn]
cincuenta y dos	pięćdziesiąt dwa	[pɛ̃'dʒecɔ̃t dva]
cincuenta y tres	pięćdziesiąt trzy	[pɛ̃'dʒecɔ̃t tʃi]

sesenta	sześćdziesiąt	[ʃɛc'dʒecɔ̃t]
sesenta y uno	sześćdziesiąt jeden	[ʃɛc'dʒecɔ̃t 'edɛn]

sesenta y dos	sześćdziesiąt dwa	[ʃɛɕ'dʒeɕɔt dva]
sesenta y tres	sześćdziesiąt trzy	[ʃɛɕ'dʒeɕɔt tʃi]
setenta	siedemdziesiąt	[ɕedɛm'dʒeɕɔt]
setenta y uno	siedemdziesiąt jeden	[ɕedɛm'dʒeɕɔt 'edɛn]
setenta y dos	siedemdziesiąt dwa	[ɕedɛm'dʒeɕɔt dva]
setenta y tres	siedemdziesiąt trzy	[ɕedɛm'dʒeɕɔt tʃi]
ochenta	osiemdziesiąt	[ɔɕem'dʒeɕɔt]
ochenta y uno	osiemdziesiąt jeden	[ɔɕem'dʒeɕɔt 'edɛn]
ochenta y dos	osiemdziesiąt dwa	[ɔɕem'dʒeɕɔt dva]
ochenta y tres	osiemdziesiąt trzy	[ɔɕem'dʒeɕɔt tʃi]
noventa	dziewięćdziesiąt	[dʒevɛ̃'dʒeɕɔt]
noventa y uno	dziewięćdziesiąt jeden	[dʒevɛ̃'dʒeɕɔt edɛn]
noventa y dos	dziewięćdziesiąt dwa	[dʒevɛ̃'dʒeɕɔt dva]
noventa y tres	dziewięćdziesiąt trzy	[dʒevɛ̃'dʒeɕɔt tʃi]

8. Números cardinales. Unidad 2

cien	sto	[stɔ]
doscientos	dwieście	['dveɕtʃe]
trescientos	trzysta	['tʃista]
cuatrocientos	czterysta	['tʃtɛrista]
quinientos	pięćset	['pɛ̃tʃsɛt]
seiscientos	sześćset	['ʃɛɕtʃsɛt]
setecientos	siedemset	['ɕedɛmsɛt]
ochocientos	osiemset	[ɔ'ɕemsɛt]
novecientos	dziewięćset	['dʒevɛ̃tʃsɛt]
mil	tysiąc	['tiɕɔ̃ts]
dos mil	dwa tysiące	[dva tiɕɔ̃tsɛ]
tres mil	trzy tysiące	[tʃi tiɕɔ̃tsɛ]
diez mil	dziesięć tysięcy	['dʒeɕɛ̃tʃ ti'ɕentsi]
cien mil	sto tysięcy	[stɔ ti'ɕentsi]
millón (m)	milion	['miʎɔn]
mil millones	miliard	['miʎjart]

9. Números ordinales

primero (adj)	pierwszy	['perfʃi]
segundo (adj)	drugi	['drugi]
tercero (adj)	trzeci	['tʃetʃi]
cuarto (adj)	czwarty	['tʃfarti]
quinto (adj)	piąty	[pɔ̃ti]
sexto (adj)	szósty	['ʃusti]
séptimo (adj)	siódmy	['ɕudmɨ]
octavo (adj)	ósmy	['usmɨ]
noveno (adj)	dziewiąty	[dʒevɔ̃ti]
décimo (adj)	dziesiąty	[dʒeɕɔ̃ti]

17

LOS COLORES. LAS UNIDADES DE MEDIDA

10. Los colores

color (m)	kolor (m)	['kɔlɜr]
matiz (m)	odcień (m)	['ɔtʃeɲ]
tono (m)	ton (m)	[tɔn]
arco (m) iris	tęcza (z)	['tɛntʃa]
blanco (adj)	biały	['bʲawi]
negro (adj)	czarny	['tʃarni]
gris (adj)	szary	['ʃari]
verde (adj)	zielony	[ʒe'lɜni]
amarillo (adj)	żółty	['ʒuwti]
rojo (adj)	czerwony	[tʃɛr'vɔni]
azul (adj)	ciemny niebieski	['tʃɛmni ne'beski]
azul claro (adj)	niebieski	[ne'beski]
rosa (adj)	różowy	[ru'ʒɔvi]
naranja (adj)	pomarańczowy	[pɔmaraɲt'ʃɔvi]
violeta (adj)	fioletowy	[fʲɔle'tɔvi]
marrón (adj)	brązowy	[brɔ̃'zɔvi]
dorado (adj)	złoty	['zwɔti]
argentado (adj)	srebrzysty	[srɛb'ʒisti]
beige (adj)	beżowy	[bɛ'ʒɔvi]
crema (adj)	kremowy	[krɛ'mɔvi]
turquesa (adj)	turkusowy	[turku'sɔvi]
rojo cereza (adj)	wiśniowy	[viɕ'nɜvi]
lila (adj)	liliowy	[li'ʎɔvi]
carmesí (adj)	malinowy	[mali'nɔvi]
claro (adj)	jasny	['jasni]
oscuro (adj)	ciemny	['tʃemni]
vivo (adj)	jasny	['jasni]
de color (lápiz ~)	kolorowy	[kɔlɜ'rɔvi]
en colores (película ~)	kolorowy	[kɔlɜ'rɔvi]
blanco y negro (adj)	czarno-biały	['tʃarnɔ 'bʲawi]
unicolor (adj)	jednokolorowy	['ednɔkɔlɜ'rɔvi]
multicolor (adj)	różnokolorowy	['ruʒnɔkɔlɜ'rɔvi]

11. Las unidades de medida

peso (m)	ciężar (m)	['tʃenʒar]
longitud (f)	długość (z)	['dwugɔɕtʃ]

anchura (f)	szerokość (ż)	[ʃɛ'rɔkɔɕtʃ]
altura (f)	wysokość (ż)	[vɨ'sɔkɔɕtʃ]
profundidad (f)	głębokość (ż)	[gwɛ̃'bɔkɔɕtʃ]
volumen (m)	objętość (ż)	[ɔbʰ'entɔɕtʃ]
área (f)	powierzchnia (ż)	[pɔ'veʃhɲa]

gramo (m)	gram (m)	[gram]
miligramo (m)	miligram (m)	[mi'ligram]
kilogramo (m)	kilogram (m)	[ki'lɜgram]
tonelada (f)	tona (ż)	['tɔna]
libra (f)	funt (m)	[funt]
onza (f)	uncja (ż)	['untsʰja]

metro (m)	metr (m)	[mɛtr]
milímetro (m)	milimetr (m)	[mi'limɛtr]
centímetro (m)	centymetr (m)	[tsɛn'timɛtr]
kilómetro (m)	kilometr (m)	[ki'lɜmɛtr]
milla (f)	mila (ż)	['miʎa]

pulgada (f)	cal (m)	[tsaʎ]
pie (m)	stopa (ż)	['stɔpa]
yarda (f)	jard (m)	['jart]

| metro (m) cuadrado | metr (m) kwadratowy | [mɛtr kfadra'tɔvɨ] |
| hectárea (f) | hektar (m) | ['hɛktar] |

litro (m)	litr (m)	[litr]
grado (m)	stopień (m)	['stɔpeɲ]
voltio (m)	wolt (m)	[vɔʎt]
amperio (m)	amper (m)	[am'pɛr]
caballo (m) de fuerza	koń (m) mechaniczny	[kɔɲ mɛha'nitʃnɨ]

cantidad (f)	ilość (ż)	['ilɜɕtʃ]
un poco de ...	niedużo ...	[ne'duʒɔ]
mitad (f)	połowa (ż)	[pɔ'wɔva]
docena (f)	tuzin (m)	['tuʒin]
pieza (f)	sztuka (ż)	['ʃtuka]

| dimensión (f) | rozmiar (m) | ['rɔzmʲar] |
| escala (f) (del mapa) | skala (ż) | ['skaʎa] |

mínimo (adj)	minimalny	[mini'maʎnɨ]
el más pequeño (adj)	najmniejszy	[najm'nejʃɨ]
medio (adj)	średni	['ɕrɛdni]
máximo (adj)	maksymalny	[maksi'maʎnɨ]
el más grande (adj)	największy	[naj'veŋkʃɨ]

12. Contenedores

tarro (m) de vidrio	słoik (m)	['swɔik]
lata (f) de hojalata	puszka (ż)	['puʃka]
cubo (m)	wiadro (n)	['vʲadrɔ]
barril (m)	beczka (ż)	['bɛtʃka]
palangana (f)	miednica (ż)	[mʲed'nitsa]

tanque (m)	zbiornik (m)	['zbɜrnik]
petaca (f) (de alcohol)	piersiówka (ż)	[per'ɕyvka]
bidón (m) de gasolina	kanister (m)	[ka'nistɛr]
cisterna (f)	cysterna (ż)	[tsis'tɛrna]
taza (f) (mug de cerámica)	kubek (m)	['kubɛk]
taza (f) (~ de café)	filiżanka (ż)	[fili'ʒaŋka]
platillo (m)	spodek (m)	['spɔdɛk]
vaso (m) (~ de agua)	szklanka (ż)	['ʃkʎaŋka]
copa (f) (~ de vino)	kielich (m)	['kelih]
olla (f)	garnek (m)	['garnɛk]
botella (f)	butelka (ż)	[bu'tɛʎka]
cuello (m) de botella	szyjka (ż)	['ʃɨjka]
garrafa (f)	karafka (ż)	[ka'rafka]
jarro (m) (~ de agua)	dzbanek (m)	['dzbanɛk]
recipiente (m)	naczynie (n)	[nat'ʃine]
tarro (m)	garnek (m)	['garnɛk]
florero (m)	wazon (m)	['vazɔn]
frasco (m) (~ de perfume)	flakon (m)	[fʎa'kɔn]
frasquito (m)	fiolka (ż)	[fʰɜʎka]
tubo (m)	tubka (ż)	['tupka]
saco (m) (~ de azúcar)	worek (m)	['vɔrɛk]
bolsa (f) (~ plástica)	torba (ż)	['tɔrba]
paquete (m) (~ de cigarrillos)	paczka (ż)	['patʃka]
caja (f)	pudełko (n)	[pu'dɛwkɔ]
cajón (m) (~ de madera)	skrzynka (ż)	['skʃɨŋka]
cesta (f)	koszyk (m)	['kɔʃik]

LOS VERBOS MÁS IMPORTANTES

13. Los verbos más importantes. Unidad 1

abrir (vt)	otwierać	[ɔt'feratʃ]
acabar, terminar (vt)	kończyć	['kɔɲtʃitʃ]
aconsejar (vt)	radzić	['radʒitʃ]
adivinar (vt)	odgadnąć	[ɔd'gadnɔ̃tʃ]
advertir (vt)	ostrzegać	[ɔst'ʃɛgatʃ]
alabarse, jactarse (vr)	chwalić się	['hfalitʃ ɕɛ̃]

almorzar (vi)	jeść obiad	[eɕtʃ 'ɔbʲat]
alquilar (~ una casa)	wynajmować	[vinaj'mɔvatʃ]
amenazar (vt)	grozić	['grɔʒitʃ]
arrepentirse (vr)	żałować	[ʒa'wɔvatʃ]
ayudar (vt)	pomagać	[pɔ'magatʃ]
bañarse (vr)	kąpać się	['kɔ̃patʃ ɕɛ̃]
bromear (vi)	żartować	[ʒar'tɔvatʃ]
buscar (vt)	szukać	['ʃukatʃ]
caer (vi)	spadać	['spadatʃ]
callarse (vr)	milczeć	['miʎtʃɛtʃ]
cambiar (vt)	zmienić	['zmenitʃ]
castigar, punir (vt)	karać	['karatʃ]
cavar (vt)	kopać	['kɔpatʃ]
cazar (vi, vt)	polować	[pɔ'lɔvatʃ]
cenar (vi)	jeść kolację	[eɕtʃ kɔ'ʎatsʰɛ̃]
cesar (vt)	przestawać	[pʃɛs'tavatʃ]
coger (vt)	łowić	['wɔvitʃ]
comenzar (vt)	rozpoczynać	[rɔspɔt'ʃinatʃ]

comparar (vt)	porównywać	[pɔruv'nivatʃ]
comprender (vt)	rozumieć	[rɔ'zumetʃ]
confiar (vt)	ufać	['ufatʃ]
confundir (vt)	mylić	['militʃ]
conocer (~ a alguien)	znać	[znatʃ]
contar (vt) (enumerar)	liczyć	['litʃitʃ]

contar con ...	liczyć na ...	['litʃitʃ na]
continuar (vt)	kontynuować	[kɔntinu'ɔvatʃ]
controlar (vt)	kontrolować	[kɔntrɔ'lɔvatʃ]
correr (vi)	biec	[bets]
costar (vt)	kosztować	[kɔʃ'tɔvatʃ]
crear (vt)	stworzyć	['stfɔʒitʃ]

14. Los verbos más importantes. Unidad 2

dar (vt)	dawać	['davatʃ]
dar una pista	czynić aluzje	['tʃinitʃ a'lyzʰe]

| decir (vt) | powiedzieć | [pɔ'vedʒetʃ] |
| decorar (para la fiesta) | ozdabiać | [ɔz'dabʲatʃ] |

defender (vt)	bronić	['brɔnitʃ]
dejar caer	upuszczać	[u'puʃtʃatʃ]
desayunar (vi)	jeść śniadanie	[eɕtʃ ɕɲa'dane]
descender (vi)	schodzić	['shɔdʒitʃ]

dirigir (administrar)	kierować	[ke'rɔvatʃ]
disculparse (vr)	przepraszać	[pʃɛp'raʃatʃ]
discutir (vt)	omawiać	[ɔ'mavʲatʃ]
dudar (vt)	wątpić	['vɔ̃tpitʃ]

encontrar (hallar)	znajdować	[znaj'dɔvatʃ]
engañar (vi, vt)	oszukiwać	[ɔʃu'kivatʃ]
entrar (vi)	wchodzić	['fhɔdʒitʃ]
enviar (vt)	wysyłać	[vɨ'sɨwatʃ]

equivocarse (vr)	mylić się	['mɨlitʃ ɕɛ̃]
escoger (vt)	wybierać	[vɨ'beratʃ]
esconder (vt)	chować	['hɔvatʃ]
escribir (vt)	pisać	['pisatʃ]
esperar (aguardar)	czekać	['tʃɛkatʃ]

esperar (tener esperanza)	mieć nadzieję	[metʃ na'dʒeɛ̃]
estar de acuerdo	zgadzać się	['zgadzatʃ ɕɛ̃]
estudiar (vt)	studiować	[studʰɔvatʃ]

exigir (vt)	zażądać	[za'ʒɔ̃datʃ]
existir (vi)	istnieć	['istnetʃ]
explicar (vt)	objaśniać	[ɔbʰʲjaɕɲatʃ]
faltar (a las clases)	opuszczać	[ɔ'puʃtʃatʃ]
firmar (~ el contrato)	podpisywać	[pɔtpi'sɨvatʃ]

girar (~ a la izquierda)	skręcać	['skrɛntsatʃ]
gritar (vi)	krzyczeć	['kʃɨtʃɛtʃ]
guardar (conservar)	zachowywać	[zahɔ'vivatʃ]
gustar (vi)	podobać się	[pɔ'dɔbatʃ ɕɛ̃]
hablar (vi, vt)	rozmawiać	[rɔz'mavʲatʃ]

hacer (vt)	robić	['rɔbitʃ]
informar (vt)	informować	[infɔr'mɔvatʃ]
insistir (vi)	nalegać	[na'legatʃ]
insultar (vt)	znieważać	[zne'vaʒatʃ]

interesarse (vr)	interesować się	[intɛrɛ'sɔvatʃ ɕɛ̃]
invitar (vt)	zapraszać	[zap'raʃatʃ]
ir (a pie)	iść	[iɕtʃ]
jugar (divertirse)	grać	[gratʃ]

15. Los verbos más importantes. Unidad 3

| leer (vi, vt) | czytać | ['tʃɨtatʃ] |
| liberar (ciudad, etc.) | wyzwalać | [vɨz'vaʎatʃ] |

llamar (por ayuda)	wołać	['vɔwatʃ]
llegar (vi)	przyjeżdżać	[pʃi'eʒdʒatʃ]
llorar (vi)	płakać	['pwakatʃ]

matar (vt)	zabijać	[za'bijatʃ]
mencionar (vt)	wspominać	[fspɔ'minatʃ]
mostrar (vt)	pokazywać	[pɔka'zivatʃ]
nadar (vi)	pływać	['pwivatʃ]

negarse (vr)	odmawiać	[ɔd'mavʲatʃ]
objetar (vt)	sprzeciwiać się	[spʃɛ'tʃivʲatʃ ɕɛ̃]
observar (vt)	obserwować	[ɔbsɛr'vɔvatʃ]
oír (vt)	słyszeć	['swiʃɛtʃ]

olvidar (vt)	zapominać	[zapɔ'minatʃ]
orar (vi)	modlić się	['mɔdlitʃ ɕɛ̃]
ordenar (mil.)	rozkazywać	[rɔska'zivatʃ]
pagar (vi, vt)	płacić	['pwatʃitʃ]
pararse (vr)	zatrzymywać się	[zatʃi'mivatʃ ɕɛ̃]

participar (vi)	uczestniczyć	[utʃɛst'nitʃitʃ]
pedir (ayuda, etc.)	prosić	['prɔɕitʃ]
pedir (en restaurante)	zamawiać	[za'mavʲatʃ]
pensar (vi, vt)	myśleć	['miɕletʃ]

percibir (ver)	zauważać	[zau'vaʒatʃ]
perdonar (vt)	przebaczać	[pʃɛ'batʃatʃ]
permitir (vt)	zezwalać	[zɛz'vaʎatʃ]
pertenecer a ...	należeć	[na'leʒɛtʃ]

planear (vt)	planować	[pʎa'nɔvatʃ]
poder (v aux)	móc	[muts]
poseer (vt)	posiadać	[pɔ'ɕadatʃ]
preferir (vt)	woleć	['vɔletʃ]
preguntar (vt)	pytać	['pitatʃ]

preparar (la cena)	gotować	[gɔ'tɔvatʃ]
prever (vt)	przewidzieć	[pʃɛ'vidʒetʃ]
probar, tentar (vt)	próbować	[pru'bɔvatʃ]
prometer (vt)	obiecać	[ɔ'betsatʃ]
pronunciar (vt)	wymawiać	[vi'mavʲatʃ]

proponer (vt)	proponować	[prɔpɔ'nɔvatʃ]
quebrar (vt)	psuć	[psutʃ]
quejarse (vr)	skarżyć się	['skarʒitʃ ɕɛ̃]
querer (amar)	kochać	['kɔhatʃ]
querer (desear)	chcieć	[htʃetʃ]

16. Los verbos más importantes. Unidad 4

recomendar (vt)	polecać	[pɔ'letsatʃ]
regañar, reprender (vt)	besztać	['bɛʃtatʃ]
reírse (vr)	śmiać się	['ɕmʲatʃ ɕɛ̃]
repetir (vt)	powtarzać	[pɔf'taʒatʃ]

reservar (~ una mesa)	rezerwować	[rɛzɛr'vɔvatʃ]
responder (vi, vt)	odpowiadać	[ɔtpɔ'vʲadatʃ]

robar (vt)	kraść	[kraɕtʃ]
saber (~ algo mas)	wiedzieć	['vedʑetʃ]
salir (vi)	wychodzić	[vi'hɔdʑitʃ]
salvar (vt)	ratować	[ra'tɔvatʃ]
seguir ...	podążać	[pɔ'dɔ̃ʒatʃ]
sentarse (vr)	siadać	['ɕadatʃ]

ser necesario	być potrzebnym	[bitʃ pɔt'ʃɛbnim]
ser, estar (vi)	być	[bitʃ]
significar (vt)	znaczyć	['znatʃitʃ]
sonreír (vi)	uśmiechać się	[uɕ'mehatʃ ɕɛ̃]
sorprenderse (vr)	dziwić się	['dʑivitʃ ɕɛ̃]

subestimar (vt)	nie doceniać	[nedɔ'tsɛɲatʃ]
tener (vt)	mieć	[metʃ]
tener hambre	chcieć jeść	[htʃetʃ eɕtʃ]
tener miedo	bać się	[batʃ ɕɛ̃]

tener prisa	śpieszyć się	['ɕpeʃitʃ ɕɛ̃]
tener sed	chcieć pić	[htʃetʃ pitʃ]
tirar, disparar (vi)	strzelać	['stʃɛʎatʃ]
tocar (con las manos)	dotykać	[dɔ'tɨkatʃ]
tomar (vt)	brać	[bratʃ]
tomar nota	zapisywać	[zapi'sivatʃ]

trabajar (vi)	pracować	[pra'tsɔvatʃ]
traducir (vt)	tłumaczyć	[twu'matʃitʃ]
unir (vt)	łączyć	['wɔ̃tʃitʃ]
vender (vt)	sprzedawać	[spʃɛ'davatʃ]
ver (vt)	widzieć	['vidʑetʃ]
volar (pájaro, avión)	lecieć	['letʃetʃ]

LA HORA. EL CALENDARIO

17. Los días de la semana

lunes (m)	poniedziałek (m)	[pɔne'dʑʲawɛk]
martes (m)	wtorek (m)	['ftɔrɛk]
miércoles (m)	środa (ż)	['ɕrɔda]
jueves (m)	czwartek (m)	['ʧfartɛk]
viernes (m)	piątek (m)	[pɔ̃tɛk]
sábado (m)	sobota (ż)	[sɔ'bɔta]
domingo (m)	niedziela (ż)	[ne'dʑeʎa]
hoy (adv)	dzisiaj	['dʑiɕaj]
mañana (adv)	jutro	['jutrɔ]
pasado mañana	pojutrze	[pɔ'juʧɛ]
ayer (adv)	wczoraj	['fʧɔraj]
anteayer (adv)	przedwczoraj	[pʃɛtft'ʃɔraj]
día (m)	dzień (m)	[dʑeɲ]
día (m) de trabajo	dzień (m) roboczy	[dʑeɲ rɔ'bɔʧi]
día (m) de fiesta	dzień (m) świąteczny	[dʑeɲ ɕfɔ̃'tɛʧni]
día (m) de descanso	dzień (m) wolny	[dʑeɲ 'vɔʎni]
fin (m) de semana	weekend (m)	[u'ikɛnt]
todo el día	cały dzień	['ʦawɨ dʑeɲ]
al día siguiente	następnego dnia	[nastɛp'nɛgɔ dɲa]
dos días atrás	dwa dni temu	[dva dni 'tɛmu]
en vísperas (adv)	w przeddzień	[f 'pʃɛddʑeɲ]
diario (adj)	codzienny	[ʦɔ'dʑeɲi]
cada día (adv)	codziennie	[ʦɔ'dʑeɲe]
semana (f)	tydzień (m)	['tidʑeɲ]
semana (f) pasada	w zeszłym tygodniu	[v 'zɛʃwim ti'gɔdny]
semana (f) que viene	w następnym tygodniu	[v nas'tɛpnim ti'gɔdny]
semanal (adj)	tygodniowy	[tigɔd'nɔvi]
cada semana (adv)	co tydzień	[ʦɔ ti'dʑeɲ]
2 veces por semana	dwa razy w tygodniu	[dva 'razi v ti'gɔdny]
todos los martes	co wtorek	[ʦɔ 'ftɔrek]

18. Las horas. El día y la noche

mañana (f)	ranek (m)	['ranɛk]
por la mañana	rano	['ranɔ]
mediodía (m)	południe (n)	[pɔ'wudne]
por la tarde	po południu	[pɔ pɔ'wudny]
noche (f)	wieczór (m)	['veʧur]
por la noche	wieczorem	[vet'ʃɔrɛm]

noche (f) (p.ej. 2:00 a.m.)	noc (ż)	[noʦ]
por la noche	w nocy	[v 'noʦɨ]
medianoche (f)	północ (ż)	['puwnoʦ]

segundo (m)	sekunda (ż)	[sɛ'kunda]
minuto (m)	minuta (ż)	[mi'nuta]
hora (f)	godzina (ż)	[gɔ'dʑina]
media hora (f)	pół godziny	[puw gɔ'dʑinɨ]
cuarto (m) de hora	kwadrans (m)	['kfadrans]
quince minutos	piętnaście minut	[pɛ̃t'naɕʧe 'minut]
veinticuatro horas	doba (ż)	['dɔba]

salida (f) del sol	wschód (m) słońca	[fshut 'swɔɲʦa]
amanecer (m)	świt (m)	[ɕfit]
madrugada (f)	wczesny ranek (m)	['fʧɛsnɨ 'ranɛk]
puesta (f) del sol	zachód (m)	['zahut]

de madrugada	wcześnie rano	['fʧɛɕɲe 'ranɔ]
esta mañana	dzisiaj rano	['dʑiɕaj 'ranɔ]
mañana por la mañana	jutro rano	['jutrɔ 'ranɔ]

esta tarde	dzisiaj w dzień	['dʑiɕaj v dʑeɲ]
por la tarde	po południu	[pɔ pɔ'wudny]
mañana por la tarde	jutro popołudniu	[jutrɔ pɔpɔ'wudny]

| esta noche (p.ej. 8:00 p.m.) | dzisiaj wieczorem | [dʑiɕaj vet'ʃɔrɛm] |
| mañana por la noche | jutro wieczorem | ['jutrɔ vet'ʃɔrɛm] |

a las tres en punto	równo o trzeciej	['ruvnɔ ɔ 'ʧɛʧej]
a eso de las cuatro	około czwartej	[ɔ'kɔwɔ 'ʧfartɛj]
para las doce	na dwunastą	[na dvu'nastɔ̃]

dentro de veinte minutos	za dwadzieścia minut	[za dva'dʑeɕʨʲa 'minut]
dentro de una hora	za godzinę	[za gɔ'dʑinɛ̃]
a tiempo (adv)	na czas	[na ʧas]

... menos cuarto	za kwadrans	[za 'kfadrans]
durante una hora	w ciągu godziny	[f ʧɔ̃gu gɔ'dʑinɨ]
cada quince minutos	co piętnaście minut	[ʦɔ pɛ̃t'naɕʧe 'minut]
día y noche	całą dobę	['ʦawɔ̃ 'dɔbɛ̃]

19. Los meses. Las estaciones

enero (m)	styczeń (m)	['stɨʧɛɲ]
febrero (m)	luty (m)	['lytɨ]
marzo (m)	marzec (m)	['maʒɛʦ]
abril (m)	kwiecień (m)	['kfeʧeɲ]
mayo (m)	maj (m)	[maj]
junio (m)	czerwiec (m)	['ʧɛrveʦ]

julio (m)	lipiec (m)	['lipeʦ]
agosto (m)	sierpień (m)	['ɕerpeɲ]
septiembre (m)	wrzesień (m)	['vʒɛɕeɲ]
octubre (m)	październik (m)	[paʑ'dʑernik]

| noviembre (m) | listopad (m) | [lis'tɔpat] |
| diciembre (m) | grudzień (m) | ['grudʑeɲ] |

primavera (f)	wiosna (ż)	['vɔsna]
en primavera	wiosną	['vɔsnɔ̃]
de primavera (adj)	wiosenny	[vɔ'sɛɲi]

verano (m)	lato (n)	['ʎatɔ]
en verano	latem	['ʎatɛm]
de verano (adj)	letni	['letni]

otoño (m)	jesień (ż)	['eɕeɲ]
en otoño	jesienią	[e'ɕenɔ̃]
de otoño (adj)	jesienny	[e'ɕeɲi]

invierno (m)	zima (ż)	['ʒima]
en invierno	zimą	['ʒimɔ̃]
de invierno (adj)	zimowy	[ʒi'mɔvi]

mes (m)	miesiąc (m)	['meɕɔ̃ts]
este mes	w tym miesiącu	[f tim me'ɕɔ̃tsu]
al mes siguiente	w przyszłym miesiącu	[v 'pʃisʃwim me'ɕɔ̃tsu]
el mes pasado	w zeszłym miesiącu	[v 'zɛʃwim me'ɕɔ̃tsu]

hace un mes	miesiąc temu	['meɕɔ̃ts 'tɛmu]
dentro de un mes	za miesiąc	[za 'meɕɔ̃ts]
dentro de dos meses	za dwa miesiące	[za dva me'ɕɔ̃tse]
todo el mes	przez cały miesiąc	[pʃɛs 'tsawi 'meɕɔ̃ts]
todo un mes	cały miesiąc	['tsawi 'meɕɔ̃ts]

mensual (adj)	comiesięczny	[tsɔme'ɕentʃni]
mensualmente (adv)	comiesięcznie	[tsɔme'ɕentʃne]
cada mes	co miesiąc	[tsɔ 'meɕɔ̃ts]
dos veces por mes	dwa razy w miesiącu	[dva 'razi v meɕɔ̃tsu]

año (m)	rok (m)	[rɔk]
este año	w tym roku	[f tim 'rɔku]
el próximo año	w przyszłym roku	[v 'pʃisʃwim 'rɔku]
el año pasado	w zeszłym roku	[v 'zɛʃwim 'rɔku]

hace un año	rok temu	[rɔk 'tɛmu]
dentro de un año	za rok	[za rɔk]
dentro de dos años	za dwa lata	[za dva 'ʎata]
todo el año	cały rok	['tsawi rɔk]
todo un año	cały rok	['tsawi rɔk]

cada año	co roku	[tsɔ 'rɔku]
anual (adj)	coroczny	[tsɔ'rɔtʃni]
anualmente (adv)	corocznie	[tsɔ'rɔtʃne]
cuatro veces por año	cztery razy w roku	['tʃtɛri 'razi v 'rɔku]

fecha (f) (la ~ de hoy es ...)	data (ż)	['data]
fecha (f) (~ de entrega)	data (ż)	['data]
calendario (m)	kalendarz (m)	[ka'lendaʃ]
medio año (m)	pół roku	[puw 'rɔku]
seis meses	półrocze (n)	[puw'rɔtʃɛ]

| estación (f) | sezon (m) | ['sɛzɔn] |
| siglo (m) | wiek (m) | [vek] |

EL VIAJE. EL HOTEL

20. El viaje. Viajar

turismo (m)	turystyka (ż)	[tu'ristika]
turista (m)	turysta (m)	[tu'rista]
viaje (m)	podróż (ż)	['pɔdruʃ]
aventura (f)	przygoda (ż)	[pʃi'gɔda]
viaje (m)	podróż (ż)	['pɔdruʃ]

vacaciones (f pl)	urlop (m)	['urlɔp]
estar de vacaciones	być na urlopie	[bitʃ na ur'lɔpe]
descanso (m)	wypoczynek (m)	[vipɔt'ʃinɛk]

tren (m)	pociąg (m)	['pɔtʃɔ̃k]
en tren	pociągiem	[pɔtʃɔ̃gem]
avión (m)	samolot (m)	[sa'mɔlɔt]
en avión	samolotem	[samɔ'lɔtɛm]
en coche	samochodem	[samɔ'hɔdɛm]
en barco	statkiem	['statkem]

equipaje (m)	bagaż (m)	['bagaʃ]
maleta (f)	walizka (ż)	[va'liska]
carrito (m) de equipaje	wózek (m) bagażowy	['vuzɛk baga'ʒɔvi]

pasaporte (m)	paszport (m)	['paʃpɔrt]
visado (m)	wiza (ż)	['viza]
billete (m)	bilet (m)	['bilet]
billete (m) de avión	bilet (m) lotniczy	['bilet lɔt'nitʃi]

guía (f) (libro)	przewodnik (m)	[pʃɛ'vɔdnik]
mapa (m)	mapa (ż)	['mapa]
área (m) (~ rural)	miejscowość (ż)	[mejs'tsɔvɔɕtʃ]
lugar (m)	miejsce (n)	['mejstsɛ]

exotismo (m)	egzotyka (ż)	[ɛg'zɔtika]
exótico (adj)	egzotyczny	[ɛgzɔ'titʃni]
asombroso (adj)	zadziwiający	[zadʒivjaɔ̃tsi]

grupo (m)	grupa (ż)	['grupa]
excursión (f)	wycieczka (ż)	[vi'tʃetʃka]
guía (m) (persona)	przewodnik (ż)	[pʃɛ'vɔdnik]

21. El hotel

hotel (m)	hotel (m)	['hɔtɛʎ]
motel (m)	motel (m)	['mɔtɛʎ]
de tres estrellas	trzy gwiazdki	[tʃi 'gvʲaztki]

de cinco estrellas	pięć gwiazdek	[pɛ̃tʃ 'gvʲazdɛk]
hospedarse (vr)	zatrzymać się	[zat'ʃimatʃ ɕɛ̃]
habitación (f)	pokój (m)	['pɔkuj]
habitación (f) individual	pokój (m) jednoosobowy	['pɔkuj ednɔːsɔ'bɔvi]
habitación (f) doble	pokój (m) dwuosobowy	['pɔkuj dvuɔsɔ'bɔvi]
reservar una habitación	rezerwować pokój	[rɛzɛr'vɔvatʃ 'pɔkuj]
media pensión (f)	wyżywienie (n) Half Board	[viʒi'vene haf bɔrd]
pensión (f) completa	pełne (n) wyżywienie	['pɛwnɛ viʒivi'ene]
con baño	z łazienką	[z wa'ʒenkɔ̃]
con ducha	z prysznicem	[z priʃ'nitsɛm]
televisión (f) satélite	telewizja (z) satelitarna	[tɛle'vizʲja satɛli'tarna]
climatizador (m)	klimatyzator (m)	[klimati'zatɔr]
toalla (f)	ręcznik (m)	['rɛntʃnik]
llave (f)	klucz (m)	[klytʃ]
administrador (m)	administrator (m)	[administ'ratɔr]
camarera (f)	pokojówka (z)	[pɔkɔ'jufka]
maletero (m)	tragarz (m)	['tragaʃ]
portero (m)	odźwierny (m)	[ɔd'vjerni]
restaurante (m)	restauracja (z)	[rɛstau'ratsʲja]
bar (m)	bar (m)	[bar]
desayuno (m)	śniadanie (n)	[ɕɲa'dane]
cena (f)	kolacja (z)	[kɔ'ʎatsʲja]
buffet (m) libre	szwedzki stół (m)	['ʃfɛtski stuw]
ascensor (m)	winda (z)	['vinda]
NO MOLESTAR	NIE PRZESZKADZAĆ	[ne pʃɛʃ'kadzatʃ]
PROHIBIDO FUMAR	ZAKAZ PALENIA!	['zakas pa'leɲa]

22. La exploración del paisaje

monumento (m)	pomnik (m)	['pɔmnik]
fortaleza (f)	twierdza (z)	['tferdza]
palacio (m)	pałac (m)	['pawats]
castillo (m)	zamek (m)	['zamɛk]
torre (f)	wieża (z)	['veʒa]
mausoleo (m)	mauzoleum (n)	[mauzɔ'leum]
arquitectura (f)	architektura (z)	[arhitɛk'tura]
medieval (adj)	średniowieczny	[ɕrɛdnɜ'vetʃni]
antiguo (adj)	zabytkowy	[zabit'kɔvi]
nacional (adj)	narodowy	[narɔ'dɔvi]
conocido (adj)	znany	['znani]
turista (m)	turysta (m)	[tu'rista]
guía (m) (persona)	przewodnik (m)	[pʃɛ'vɔdnik]
excursión (f)	wycieczka (z)	[vi'tʃetʃka]
mostrar (vt)	pokazywać	[pɔka'zivatʃ]
contar (una historia)	opowiadać	[ɔpɔ'vʲadatʃ]
encontrar (hallar)	znaleźć	['znaleɕtʃ]

perderse (vr)	zgubić się	['zgubitʃ ɕɛ̃]
plano (m) (~ de metro)	plan (m)	[pʎan]
mapa (m) (~ de la ciudad)	plan (m)	[pʎan]

recuerdo (m)	pamiątka (ż)	[pamɔ̃tka]
tienda (f) de regalos	sklep (m) z upominkami	[sklep s upɔmi'ŋkami]
hacer fotos	robić zdjęcia	['rɔbitʃ 'zdʰɛ̃tʃa]
fotografiarse (vr)	fotografować się	[fɔtɔgra'fɔvatʃ ɕɛ̃]

EL TRANSPORTE

23. El aeropuerto

aeropuerto (m)	port (m) lotniczy	[port lɔt'nitʃi]
avión (m)	samolot (m)	[sa'mɔlɔt]
compañía (f) aérea	linie (l.mn.) lotnicze	['liɲje lɔt'nitʃɛ]
controlador (m) aéreo	kontroler (m) lotów	[kɔnt'rɔler 'lɔtuf]

despegue (m)	odlot (m)	['ɔdlɔt]
llegada (f)	przylot (m)	['pʃilɔt]
llegar (en avión)	przylecieć	[pʃi'letʃetʃ]

hora (f) de salida	godzina (ż) odlotu	[gɔ'dʑina ɔd'lɔtu]
hora (f) de llegada	godzina (ż) przylotu	[gɔ'dʑina pʃi'lɔtu]

retrasarse (vr)	opóźniać się	[ɔ'puʑʲɲatʃ ɕɛ̃]
retraso (m) de vuelo	opóźnienie (n) odlotu	[ɔpuʑʲ'nene ɔd'lɔtu]

pantalla (f) de información	tablica (ż) informacyjna	[tab'litsa infɔrma'tsijna]
información (f)	informacja (ż)	[infɔr'matsʰja]
anunciar (vt)	ogłaszać	[ɔg'waʃatʃ]
vuelo (m)	lot (m)	['lɔt]
aduana (f)	urząd (m) celny	['uʒɔ̃t 'tsɛʎnɨ]
aduanero (m)	celnik (m)	['tsɛʎnik]

declaración (f) de aduana	deklaracja (ż)	[dɛkʎa'ratsʰja]
rellenar la declaración	wypełnić deklarację	[vɨ'pɛwnitʃ dɛkʎa'ratsʰɛ̃]
control (m) de pasaportes	odprawa (ż) paszportowa	[ɔtp'rava paʃpor'tova]

equipaje (m)	bagaż (m)	['bagaʃ]
equipaje (m) de mano	bagaż (m) podręczny	['bagaʃ pɔd'rɛntʃnɨ]
carrito (m) de equipaje	wózek (m) bagażowy	['vuzɛk baga'ʒovɨ]

aterrizaje (m)	lądowanie (n)	[lɔ̃dɔ'vane]
pista (f) de aterrizaje	pas (m) startowy	[pas star'tɔvɨ]
aterrizar (vi)	lądować	[lɔ̃'dɔvatʃ]
escaleras (f pl) (de avión)	schody (l.mn.) do samolotu	['shɔdɨ dɔ samɔ'lɔtu]

facturación (f) (check-in)	odprawa (ż) biletowa	[ɔtp'rava bile'tɔva]
mostrador (m) de facturación	stanowisko (n) odprawy	[stanɔ'viskɔ ɔtp'ravɨ]
hacer el check-in	zgłosić się do odprawy	['zgwɔɕitʃ ɕɛ̃ dɔ ɔtp'ravɨ]
tarjeta (f) de embarque	karta (ż) pokładowa	['karta pɔkwa'dɔva]
puerta (f) de embarque	wyjście (n) do odprawy	['vijɕtʃe dɔ ɔtp'ravɨ]

tránsito (m)	tranzyt (m)	['tranzit]
esperar (aguardar)	czekać	['tʃɛkatʃ]
zona (f) de preembarque	poczekalnia (ż)	[pɔtʃɛ'kaʎna]
despedir (vt)	odprowadzać	[ɔtprɔ'vadzatʃ]
despedirse (vr)	żegnać się	['ʒɛgnatʃ ɕɛ̃]

24. El avión

avión (m)	samolot (m)	[sa'mɔlɜt]
billete (m) de avión	bilet (m) lotniczy	['bilet lɜt'niʧi]
compañía (f) aérea	linie (l.mn.) lotnicze	['liɲje lɜt'niʧɛ]
aeropuerto (m)	port (m) lotniczy	[pɔrt lɜt'niʧi]
supersónico (adj)	ponaddźwiękowy	[pɔnaddʑ'vɛ̃'kɔvi]

comandante (m)	kapitan (m) statku	[ka'pitan 'statku]
tripulación (f)	załoga (ż)	[za'wɔga]
piloto (m)	pilot (m)	['pilɜt]
azafata (f)	stewardessa (ż)	[stʰjuar'dɛsa]
navegador (m)	nawigator (m)	[navi'gatɔr]

alas (f pl)	skrzydła (l.mn.)	['skʃidwa]
cola (f)	ogon (m)	['ɔgɔn]
cabina (f)	kabina (ż)	[ka'bina]
motor (m)	silnik (m)	['ɕiʎnik]
tren (m) de aterrizaje	podwozie (n)	[pɔd'vɔʒe]
turbina (f)	turbina (ż)	[tur'bina]

hélice (f)	śmigło (n)	['ɕmigwɔ]
caja (f) negra	czarna skrzynka (ż)	['ʧarna 'skʃiŋka]
timón (m)	wolant (m)	['vɔʎant]
combustible (m)	paliwo (n)	[pa'livɔ]

instructivo (m) de seguridad	instrukcja (ż)	[inst'ruktsʰja]
respirador (m) de oxígeno	maska (ż) tlenowa	['maska tle'nɔva]
uniforme (m)	uniform (m)	[u'nifɔrm]
chaleco (m) salvavidas	kamizelka (ż) ratunkowa	[kami'zɛʎka ratu'ŋkɔva]
paracaídas (m)	spadochron (m)	[spa'dɔhrɔn]

despegue (m)	start (m)	[start]
despegar (vi)	startować	[star'tɔvaʧ]
pista (f) de despegue	pas (m) startowy	[pas star'tɔvi]

visibilidad (f)	widoczność (ż)	[vi'dɔʧnɔɕʧ]
vuelo (m)	lot (m)	['lɜt]
altura (f)	wysokość (ż)	[vɨ'sɔkɔɕʧ]
pozo (m) de aire	dziura (ż) powietrzna	['dʒyra pɔ'vetʃna]

asiento (m)	miejsce (n)	['mejstsɛ]
auriculares (m pl)	słuchawki (l.mn.)	[swu'hafki]
mesita (f) plegable	stolik (m) rozkładany	['stɔlik rɔskwa'danɨ]
ventana (f)	iluminator (m)	[ilymi'natɔr]
pasillo (m)	przejście (n)	['pʃɛjɕʧe]

25. El tren

tren (m)	pociąg (m)	['pɔʧõk]
tren (m) eléctrico	pociąg (m) podmiejski	['pɔʧõk pɔd'mejski]
tren (m) rápido	pociąg (m) pośpieszny	['pɔʧõk pɔɕ'peʃni]
locomotora (f) diésel	lokomotywa (ż)	[lɜkɔmɔ'tiva]

tren (m) de vapor	parowóz (m)	[pa'rɔvus]
coche (m)	wagon (m)	['vagɔn]
coche (m) restaurante	wagon (m) restauracyjny	['vagɔn rɛstaura'tsijni]

rieles (m pl)	szyny (l.mn.)	['ʃini]
ferrocarril (m)	kolej (z)	['kɔlej]
traviesa (f)	podkład (m)	['pɔtkwat]

plataforma (f)	peron (m)	['pɛrɔn]
vía (f)	tor (m)	[tɔr]
semáforo (m)	semafor (m)	[sɛ'mafɔr]
estación (f)	stacja (z)	['statsʰja]

maquinista (m)	maszynista (m)	[maʃi'nista]
maletero (m)	tragarz (m)	['tragaʃ]
mozo (m) del vagón	konduktor (m)	[kɔn'duktɔr]
pasajero (m)	pasażer (m)	[pa'saʒɛr]
revisor (m)	kontroler (m)	[kɔnt'rɔler]

| corredor (m) | korytarz (m) | [kɔ'ritaʃ] |
| freno (m) de urgencia | hamulec (m) bezpieczeństwa | [ha'mulets bɛzpet'ʃɛɲstfa] |

compartimiento (m)	przedział (m)	['pʃɛdʒ'aw]
litera (f)	łóżko (n)	['wuʃkɔ]
litera (f) de arriba	łóżko (n) górne	['wuʃkɔ 'gurnɛ]
litera (f) de abajo	łóżko (n) dolne	['wuʃkɔ 'dɔʎnɛ]
ropa (f) de cama	pościel (z)	['pɔɕtʃeʎ]

billete (m)	bilet (m)	['bilet]
horario (m)	rozkład (m) jazdy	['rɔskwad 'jazdi]
pantalla (f) de información	tablica (z) informacyjna	[tab'litsa infɔrma'tsijna]

partir (vi)	odjeżdżać	[ɔdʰ'eʒdʒatʃ]
partida (f) (del tren)	odjazd (m)	['ɔdʰjast]
llegar (tren)	wjeżdżać	['vʰeʒdʒatʃ]
llegada (f)	przybycie (n)	[pʃi'bitʃe]

llegar en tren	przyjechać pociągiem	[pʃi'ehatʃ pɔtʃõgem]
tomar el tren	wsiąść do pociągu	[fɕõɕtʃ dɔ pɔtʃõgu]
bajar del tren	wysiąść z pociągu	['viɕõɕtʃ s pɔtʃõgu]

descarrilamiento (m)	katastrofa (z)	[katast'rɔfa]
tren (m) de vapor	parowóz (m)	[pa'rɔvus]
fogonero (m)	palacz (m)	['paʎatʃ]
hogar (m)	palenisko (n)	[pale'niskɔ]
carbón (m)	węgiel (m)	['vɛŋeʎ]

26. El barco

buque (m)	statek (m)	['statɛk]
navío (m)	okręt (m)	['ɔkrɛ̃t]
buque (m) de vapor	parowiec (m)	[pa'rɔvets]
motonave (m)	motorowiec (m)	[mɔtɔ'rɔvets]

trasatlántico (m)	liniowiec (m)	[li'njɔvets]
crucero (m)	krążownik (m)	[krɔ̃'ʒɔvnik]
yate (m)	jacht (m)	[jaht]
remolcador (m)	holownik (m)	[hɔ'lɜvnik]
barcaza (f)	barka (ż)	['barka]
ferry (m)	prom (m)	[prɔm]
velero (m)	żaglowiec (m)	[ʒag'lɜvets]
bergantín (m)	brygantyna (ż)	[brigan'tina]
rompehielos (m)	lodołamacz (m)	[lɜdɔ'wamatʃ]
submarino (m)	łódź (ż) podwodna	[wutʃ pɔd'vɔdna]
bote (m) de remo	łódź (ż)	[wutʃ]
bote (m)	szalupa (ż)	[ʃa'lypa]
bote (m) salvavidas	szalupa (ż)	[ʃa'lypa]
lancha (f) motora	motorówka (ż)	[mɔtɔ'rufka]
capitán (m)	kapitan (m)	[ka'pitan]
marinero (m)	marynarz (m)	[ma'rinaʃ]
marino (m)	marynarz (m)	[ma'rinaʃ]
tripulación (f)	załoga (ż)	[za'wɔga]
contramaestre (m)	bosman (m)	['bɔsman]
grumete (m)	chłopiec (m) okrętowy	['hwɔpets ɔkrɛ̃'tɔvi]
cocinero (m) de abordo	kucharz (m) okrętowy	['kuhaʃ ɔkrɛ̃'tɔvi]
médico (m) del buque	lekarz (m) okrętowy	['lekaʃ ɔkrɛ̃'tɔvi]
cubierta (f)	pokład (m)	['pɔkwat]
mástil (m)	maszt (m)	[maʃt]
vela (f)	żagiel (m)	['ʒageʎ]
bodega (f)	ładownia (ż)	[wa'dɔvɲa]
proa (f)	dziób (m)	[dʒyp]
popa (f)	rufa (ż)	['rufa]
remo (m)	wiosło (n)	['vɜswɔ]
hélice (f)	śruba (ż) napędowa	['ɕruba napɛ̃'dɔva]
camarote (m)	kajuta (ż)	[ka'juta]
sala (f) de oficiales	mesa (ż)	['mɛsa]
sala (f) de máquinas	maszynownia (ż)	[maʃi'nɔvɲa]
puente (m) de mando	mostek (m) kapitański	['mɔstɛk kapi'taɲski]
sala (f) de radio	radiokabina (ż)	[radʰɔka'bina]
onda (f)	fala (ż)	['faʎa]
cuaderno (m) de bitácora	dziennik (m) pokładowy	['dʒeɲik pɔkwa'dɔvi]
anteojo (m)	luneta (ż)	[ly'nɛta]
campana (f)	dzwon (m)	[dzvɔn]
bandera (f)	bandera (ż)	[ban'dɛra]
cabo (m) (maroma)	lina (ż)	['lina]
nudo (m)	węzeł (m)	['vɛnzɛw]
pasamano (m)	poręcz (ż)	['pɔrɛ̃tʃ]
pasarela (f)	trap (m)	[trap]

ancla (f)	kotwica (ż)	[kɔt'fitsa]
levar ancla	podnieść kotwicę	['pɔdnɛɕtʃ kɔt'fitsɛ̃]
echar ancla	zarzucić kotwicę	[za'ʒutʃitʃ kɔt'fitsɛ̃]
cadena (f) del ancla	łańcuch (m) kotwicy	['waɲtsuh kɔt'fitsɨ]
puerto (m)	port (m)	[pɔrt]
embarcadero (m)	nabrzeże (n)	[nab'ʒɛʒɛ]
amarrar (vt)	cumować	[tsu'mɔvatʃ]
desamarrar (vt)	odbijać	[ɔd'bijatʃ]
viaje (m)	podróż (ż)	['pɔdruʃ]
crucero (m) (viaje)	podróż (ż) morska	['pɔdruʃ 'mɔrska]
derrota (f) (rumbo)	kurs (m)	[kurs]
itinerario (m)	trasa (z)	['trasa]
canal (m) navegable	tor (m) wodny	[tɔr 'vɔdnɨ]
bajío (m)	mielizna (z)	[me'lizna]
encallar (vi)	osiąść na mieliźnie	['ɔɕɔ̃ɕtʃ na me'liźne]
tempestad (f)	sztorm (m)	[ʃtɔrm]
señal (f)	sygnał (m)	['sɨgnaw]
hundirse (vr)	tonąć	['tɔɔ̃ɲtʃ]
SOS	SOS	[ɛs ɔ ɛs]
aro (m) salvavidas	koło (n) ratunkowe	['kɔwɔ ratu'ŋkɔvɛ]

LA CIUDAD

27. El transporte urbano

autobús (m)	autobus (m)	[au'tɔbus]
tranvía (m)	tramwaj (m)	['tramvaj]
trolebús (m)	trolejbus (m)	[trɔ'lejbus]
itinerario (m)	trasa (ż)	['trasa]
número (m)	numer (m)	['numɛr]
ir en …	jechać w …	['ehatʃ v]
tomar (~ el autobús)	wsiąść	[fɕɔ̃ɕtʃ]
bajar (~ del tren)	zsiąść z …	[zɕɔ̃ɕtʃ z]
parada (f)	przystanek (m)	[pʃis'tanɛk]
próxima parada (f)	następny przystanek (m)	[nas'tɛpnɨ pʃis'tanɛk]
parada (f) final	stacja (ż) końcowa	['statsʰja kɔɲ'tsova]
horario (m)	rozkład (m) jazdy	['rɔskwad 'jazdɨ]
esperar (aguardar)	czekać	['tʃɛkatʃ]
billete (m)	bilet (m)	['bilet]
precio (m) del billete	cena (ż) biletu	['tsɛna bi'letu]
cajero (m)	kasjer (m), kasjerka (ż)	['kasʰer], [kasʰ"erka]
control (m) de billetes	kontrola (ż) biletów	[kɔnt'rɔʎa bi'letɔf]
cobrador (m)	kontroler (m) biletów	[kɔnt'rɔler bi'letɔf]
llegar tarde (vi)	spóźniać się	['spuzʲɲatʃ ɕɛ̃]
perder (~ el tren)	spóźnić się	['spuzʲɲitʃ ɕɛ̃]
tener prisa	śpieszyć się	['ɕpeʃitʃ ɕɛ̃]
taxi (m)	taksówka (ż)	[tak'sufka]
taxista (m)	taksówkarz (m)	[tak'sufkaʃ]
en taxi	taksówką	[tak'sufkɔ̃]
parada (f) de taxi	postój (m) taksówek	['pɔstuj tak'suvɛk]
llamar un taxi	wezwać taksówkę	['vɛzvatʃ tak'sufkɛ̃]
tomar un taxi	wziąć taksówkę	[vʑɔ̃ʲtʃ tak'sufkɛ̃]
tráfico (m)	ruch (m) uliczny	[ruh u'litʃnɨ]
atasco (m)	korek (m)	['kɔrɛk]
horas (f pl) de punta	godziny (l.mn.) szczytu	[gɔ'dʑinɨ 'ʃtʃitu]
aparcar (vi)	parkować	[par'kovatʃ]
aparcar (vt)	parkować	[par'kovatʃ]
aparcamiento (m)	parking (m)	['parkiŋk]
metro (m)	metro (n)	['mɛtrɔ]
estación (f)	stacja (ż)	['statsʰja]
ir en el metro	jechać metrem	['ehatʃ 'mɛtrɛm]
tren (m)	pociąg (m)	['pɔtʃɔ̃k]
estación (f)	dworzec (m)	['dvɔʒɛts]

28. La ciudad. La vida en la ciudad

Español	Polaco	Pronunciación
ciudad (f)	miasto (n)	['mʲastɔ]
capital (f)	stolica (ż)	[stɔ'liʦa]
aldea (f)	wieś (ż)	[veɕ]
plano (m) de la ciudad	plan (m) miasta	[pʎan 'mʲasta]
centro (m) de la ciudad	centrum (n) miasta	['ʦɛntrum 'mʲasta]
suburbio (m)	dzielnica (ż) podmiejska	[dʒɛʎ'niʦa pɔd'mejska]
suburbano (adj)	podmiejski	[pɔd'mejski]
arrabal (m)	peryferie (l.mn.)	[pɛri'fɛrʰe]
afueras (f pl)	okolice (l.mn.)	[ɔkɔ'liʦɛ]
barrio (m)	osiedle (n)	[ɔ'ɕedle]
zona (f) de viviendas	osiedle (n) mieszkaniowe	[ɔ'ɕedle meʃka'nɜvɛ]
tráfico (m)	ruch (m) uliczny	[ruh u'liʧni]
semáforo (m)	światła (l.mn.)	['ɕfʲatwa]
transporte (m) urbano	komunikacja (ż) publiczna	[kɔmuni'kaʦʰja pub'liʧna]
cruce (m)	skrzyżowanie (n)	[skʃiʐɔ'vane]
paso (m) de peatones	przejście (n)	['pʃɛjɕʧe]
paso (m) subterráneo	przejście (n) podziemne	['pʃɛjɕʧe pɔ'dʒemnɛ]
cruzar (vt)	przechodzić	[pʃɛ'hɔdʒiʧ]
peatón (m)	pieszy (m)	['peʃi]
acera (f)	chodnik (m)	['hɔdnik]
puente (m)	most (m)	[mɔst]
muelle (m)	nadbrzeże (n)	[nadb'ʐɛʒɛ]
fuente (f)	fontanna (ż)	[fɔn'taɲa]
alameda (f)	aleja (ż)	[a'leja]
parque (m)	park (m)	[park]
bulevar (m)	bulwar (m)	['buʎvar]
plaza (f)	plac (m)	[pʎaʦ]
avenida (f)	aleja (ż)	[a'leja]
calle (f)	ulica (ż)	[u'liʦa]
callejón (m)	zaułek (m)	[za'uwɛk]
callejón (m) sin salida	ślepa uliczka (ż)	['ɕlepa u'liʧka]
casa (f)	dom (m)	[dɔm]
edificio (m)	budynek (m)	[bu'dinɛk]
rascacielos (m)	wieżowiec (m)	[ve'ʐɔveʦ]
fachada (f)	fasada (ż)	[fa'sada]
techo (m)	dach (m)	[dah]
ventana (f)	okno (n)	['ɔknɔ]
arco (m)	łuk (m)	[wuk]
columna (f)	kolumna (ż)	[kɔ'lymna]
esquina (f)	róg (m)	[ruk]
escaparate (f)	witryna (ż)	[vit'rina]
letrero (m) (~ luminoso)	szyld (m)	[ʃiʎt]
cartel (m)	afisz (m)	['afiʃ]
cartel (m) publicitario	plakat (m) reklamowy	['pʎakat rɛkʎa'mɔvi]

valla (f) publicitaria	billboard (m)	['biʌbɔrt]
basura (f)	śmiecie (l.mn.)	['ɕmetʃe]
cajón (m) de basura	kosz (m) na śmieci	[kɔʃ na 'ɕmetʃi]
tirar basura	śmiecić	['ɕmetʃitʃ]
basurero (m)	wysypisko (n) śmieci	[vɨsipiskɔ 'ɕmetʃi]

cabina (f) telefónica	budka (ż) telefoniczna	['butka tɛlefɔ'nitʃna]
farola (f)	słup (m) oświetleniowy	[swup ɔɕvetle'nɔvɨ]
banco (m) (del parque)	ławka (ż)	['wafka]

policía (m)	policjant (m)	[pɔ'litsʰjant]
policía (f) (~ nacional)	policja (ż)	[pɔ'litsʰja]
mendigo (m)	żebrak (m)	['ʒɛbrak]
persona (f) sin hogar	bezdomny (m)	[bɛz'dɔmnɨ]

29. Las instituciones urbanas

tienda (f)	sklep (m)	[sklep]
farmacia (f)	apteka (ż)	[ap'tɛka]
óptica (f)	optyk (m)	['ɔptik]
centro (m) comercial	centrum (n) handlowe	['tsɛntrum hand'lɔvɛ]
supermercado (m)	supermarket (m)	[supɛr'markɛt]

panadería (f)	sklep (m) z pieczywem	[sklep s pet'ʃivɛm]
panadero (m)	piekarz (m)	['pekaʃ]
pastelería (f)	cukiernia (ż)	[tsu'kerɲa]
tienda (f) de comestibles	sklep (m) spożywczy	[sklep spɔ'ʒɨvtʃi]
carnicería (f)	sklep (m) mięsny	[sklep 'mensnɨ]

| verdulería (f) | warzywniak (m) | [va'ʒɨvɲak] |
| mercado (m) | targ (m) | [tark] |

cafetería (f)	kawiarnia (ż)	[ka'vʲarɲa]
restaurante (m)	restauracja (ż)	[rɛstau'ratsʰja]
cervecería (f)	piwiarnia (ż)	[pi'vʲarɲa]
pizzería (f)	pizzeria (ż)	[pi'tsɛrʰja]

peluquería (f)	salon (m) fryzjerski	['salɔn frizʰ'erski]
oficina (f) de correos	poczta (ż)	['pɔtʃta]
tintorería (f)	pralnia (ż) chemiczna	['praʎna hɛ'mitʃna]
estudio (m) fotográfico	zakład (m) fotograficzny	['zakwat fɔtɔgra'fitʃnɨ]

zapatería (f)	sklep (m) obuwniczy	[sklep ɔbuv'nitʃi]
librería (f)	księgarnia (ż)	[kɕɛ̃'garɲa]
tienda (f) deportiva	sklep (m) sportowy	[sklep spɔr'tɔvɨ]

arreglos (m pl) de ropa	reperacja (ż) odzieży	[rɛpɛ'ratsʰja ɔ'dʒeʒi]
alquiler (m) de ropa	wypożyczanie (n) strojów okazjonalnych	[vɨpɔʒɨ'tʃane strɔ'juv ɔkazʲɔ'naʌnih]
videoclub (m)	wypożyczalnia (ż) filmów	[vɨpɔʒɨt'ʃaʎna 'fiʌmuf]

circo (m)	cyrk (m)	[tsɨrk]
zoo (m)	zoo (n)	['zɔ:]
cine (m)	kino (n)	['kinɔ]

museo (m)	muzeum (n)	[mu'zɛum]
biblioteca (f)	biblioteka (z)	[biblɜ'tɛka]
teatro (m)	teatr (m)	['tɛatr]
ópera (f)	opera (z)	['ɔpɛra]
club (m) nocturno	klub nocny (m)	[klyp 'nɔtsnɨ]
casino (m)	kasyno (n)	[ka'sinɔ]
mezquita (f)	meczet (m)	['mɛtʃɛt]
sinagoga (f)	synagoga (z)	[sina'gɔga]
catedral (f)	katedra (z)	[ka'tɛdra]
templo (m)	świątynia (z)	[ɕfɔ̃'tiɲa]
iglesia (f)	kościół (m)	['kɔɕtʃow]
instituto (m)	instytut (m)	[ins'titut]
universidad (f)	uniwersytet (m)	[uni'vɛrsitɛt]
escuela (f)	szkoła (z)	['ʃkɔwa]
prefectura (f)	urząd (m) dzielnicowy	['uʒɔ̃d dʑeʎnitsɔvɨ]
alcaldía (f)	urząd (m) miasta	['uʒɔ̃t 'mʲasta]
hotel (m)	hotel (m)	['hɔtɛʎ]
banco (m)	bank (m)	[baŋk]
embajada (f)	ambasada (z)	[amba'sada]
agencia (f) de viajes	agencja (z) turystyczna	[a'gɛntsʰja turis'titʃna]
oficina (f) de información	informacja (z)	[infɔr'matsʰja]
oficina (f) de cambio	kantor (m)	['kantɔr]
metro (m)	metro (n)	['mɛtrɔ]
hospital (m)	szpital (m)	['ʃpitaʎ]
gasolinera (f)	stacja (z) benzynowa	['statsʰja bɛnzi'nɔva]
aparcamiento (m)	parking (m)	['parkiŋk]

30. Los avisos

letrero (m) (~ luminoso)	szyld (m)	[ʃiʎt]
cartel (m) (texto escrito)	napis (m)	['napis]
pancarta (f)	plakat (m)	['pʎakat]
signo (m) de dirección	drogowskaz (m)	[drɔ'gɔfskas]
flecha (f) (signo)	strzałka (z)	['stʃawka]
advertencia (f)	ostrzeżenie (n)	[ɔstʃɛ'ʒɛne]
aviso (m)	przestroga (z)	[pʃɛst'rɔga]
advertir (vt)	ostrzegać	[ɔst'ʃɛgatʃ]
día (m) de descanso	dzień (m) wolny	[dʑeɲ 'vɔʎnɨ]
horario (m)	rozkład (m) jazdy	['rɔskwad 'jazdi]
horario (m) de apertura	godziny (l.mn.) pracy	[gɔ'dʑinɨ 'pratsi]
¡BIENVENIDOS!	WITAMY!	[vi'tamɨ]
ENTRADA	WEJŚCIE	['vɛjɕtʃe]
SALIDA	WYJŚCIE	['vɨjɕtʃe]
EMPUJAR	PCHAĆ	[phatʃ]

TIRAR	CIĄGNĄĆ	[ʧɔ̃gnɔɲʧ]
ABIERTO	OTWARTE	[ɔt'fartɛ]
CERRADO	ZAMKNIĘTE	[zamk'nentɛ]

| MUJERES | DLA PAŃ | [dʎa paɲ] |
| HOMBRES | DLA MĘŻCZYZN | [dʎa 'mɛ̃ʒʧizn] |

REBAJAS	ZNIŻKI	['zniʃki]
SALDOS	WYPRZEDAŻ	[vip'ʃɛdaʃ]
NOVEDAD	NOWOŚĆ!	['nɔvɔɕʧ]
GRATIS	GRATIS	['gratis]

¡ATENCIÓN!	UWAGA!	[u'vaga]
COMPLETO	BRAK MIEJSC	[brak mejsʦ]
RESERVADO	REZERWACJA	[rɛzɛr'vaʦʰja]

ADMINISTRACIÓN	ADMINISTRACJA	[administ'raʦʰja]
SÓLO PERSONAL	WEJŚCIE SŁUŻBOWE	['vɛjɕʧe swuʒ'bɔvɛ]
AUTORIZADO		

CUIDADO CON EL PERRO	UWAGA! ZŁY PIES	[u'vaga zwi pes]
PROHIBIDO FUMAR	ZAKAZ PALENIA!	['zakas pa'leɲa]
NO TOCAR	NIE DOTYKAĆ!	[ne dɔ'tikaʧ]

PELIGROSO	NIEBEZPIECZNY	[nebɛs'peʧni]
PELIGRO	NIEBEZPIECZEŃSTWO	[nebɛspeʧɛɲstfɔ]
ALTA TENSIÓN	WYSOKIE NAPIĘCIE	[visɔke napɛ̃ʧe]
PROHIBIDO BAÑARSE	KĄPIEL WZBRONIONA	[kɔmpeʎ vzbrɔnɔ̃a]
NO FUNCIONA	NIECZYNNE	[neʧiŋɛ]

INFLAMABLE	ŁATWOPALNE	[vatvɔ'paʎnɛ]
PROHIBIDO	ZAKAZ	['zakas]
PROHIBIDO EL PASO	ZAKAZ PRZEJŚCIA	['zakas 'pʃɛjɕʧʲa]
RECIÉN PINTADO	ŚWIEŻO MALOWANE	['ɕfeʒɔ malʒ'vanɛ]

31. Las compras

comprar (vt)	kupować	[ku'pɔvaʧ]
compra (f)	zakup (m)	['zakup]
hacer compras	robić zakupy	['rɔbiʧ za'kupi]
compras (f pl)	zakupy (l.mn.)	[za'kupi]

| estar abierto (tienda) | być czynnym | [biʧ 'ʧiɲim] |
| estar cerrado | być nieczynnym | [biʧ net'ʃiɲim] |

calzado (m)	obuwie (n)	[ɔ'buve]
ropa (f), vestido (m)	odzież (ż)	['ɔʤeʃ]
cosméticos (m pl)	kosmetyki (l.mn.)	[kɔs'mɛtiki]
productos alimenticios	artykuły (l.mn.) spożywcze	[arti'kuwi spɔ'ʒifʧɛ]
regalo (m)	prezent (m)	['prɛzɛnt]

vendedor (m)	ekspedient (m)	[ɛks'pɛdʰent]
vendedora (f)	ekspedientka (ż)	[ɛksped̪ʰ'entka]
caja (f)	kasa (ż)	['kasa]

espejo (m)	lustro (n)	['lystrɔ]
mostrador (m)	lada (ż)	['ʎada]
probador (m)	przymierzalnia (ż)	[pʃime'zaʎɲa]

probar (un vestido)	przymierzyć	[pʃi'meʒitʃ]
quedar (una ropa, etc.)	pasować	[pa'sɔvatʃ]
gustar (vi)	podobać się	[pɔ'dɔbatʃ ɕɛ̃]

precio (m)	cena (ż)	['tsɛna]
etiqueta (f) de precio	metka (ż)	['mɛtka]
costar (vt)	kosztować	[kɔʃ'tɔvatʃ]
¿Cuánto?	Ile kosztuje?	['ile kɔʃ'tue]
descuento (m)	zniżka (ż)	['zniʃka]

no costoso (adj)	niedrogi	[ned'rɔgi]
barato (adj)	tani	['tani]
caro (adj)	drogi	['drɔgi]
Es caro	To dużo kosztuje	[tɔ 'duʒɔ kɔʃ'tue]

alquiler (m)	wypożyczalnia (ż)	[vipɔʒit'ʃaʎɲa]
alquilar (vt)	wypożyczyć	[vipɔ'ʒitʃitʃ]
crédito (m)	kredyt (m)	['krɛdit]
a crédito (adv)	na kredyt	[na 'krɛdit]

LA ROPA Y LOS ACCESORIOS

32. La ropa exterior. Los abrigos

ropa (f), vestido (m)	odzież (ż)	['ɔdʒeʃ]
ropa (f) de calle	wierzchnie okrycie (n)	['veʃhne ɔk'ritʃe]
ropa (f) de invierno	odzież (ż) zimowa	['ɔdʒeʒ ʒi'mɔva]
abrigo (m)	palto (n)	['paʎtɔ]
abrigo (m) de piel	futro (n)	['futrɔ]
abrigo (m) corto de piel	futro (n) krótkie	['futrɔ 'krɔtkɛ]
plumón (m)	kurtka (ż) puchowa	['kurtka pu'hɔva]
cazadora (f)	kurtka (ż)	['kurtka]
impermeable (m)	płaszcz (m)	[pwaʃtʃ]
impermeable (adj)	nieprzemakalny	[nepʃɛma'kaʎnɨ]

33. Ropa de hombre y mujer

camisa (f)	koszula (ż)	[kɔ'ʃuʎa]
pantalones (m pl)	spodnie (l.mn.)	['spɔdne]
jeans, vaqueros (m pl)	dżinsy (l.mn.)	['dʒinsɨ]
chaqueta (f), saco (m)	marynarka (ż)	[mari'narka]
traje (m)	garnitur (m)	[gar'nitur]
vestido (m)	sukienka (ż)	[su'keŋka]
falda (f)	spódnica (ż)	[spud'nitsa]
blusa (f)	bluzka (ż)	['blyska]
rebeca (f),	sweterek (m)	[sfɛ'tɛrɛk]
chaqueta (f) de punto		
chaqueta (f)	żakiet (m)	['ʒaket]
camiseta (f) (T-shirt)	koszulka (ż)	[kɔ'ʃuʎka]
shorts (m pl)	spodenki (l.mn.)	[spɔ'dɛŋki]
traje (m) deportivo	dres (m)	[drɛs]
bata (f) de baño	szlafrok (m)	['ʃʎafrɔk]
pijama (f)	pidżama (ż)	[pi'dʒama]
jersey (m), suéter (m)	sweter (m)	['sfɛtɛr]
pulóver (m)	pulower (m)	[pu'lɔvɛr]
chaleco (m)	kamizelka (ż)	[kami'zɛʎka]
frac (m)	frak (m)	[frak]
esmoquin (m)	smoking (m)	['smɔkiŋk]
uniforme (m)	uniform (m)	[u'nifɔrm]
ropa (f) de trabajo	ubranie (n) robocze	[ub'rane rɔ'bɔtʃɛ]
mono (m)	kombinezon (m)	[kɔmbi'nɛzɔn]
bata (f) (p. ej. ~ blanca)	kitel (m)	['kitɛʎ]

34. La ropa. La ropa interior

ropa (f) interior	bielizna (ż)	[be'lizna]
camiseta (f) interior	podkoszulek (m)	[pɔtkɔ'ʃulek]
calcetines (m pl)	skarpety (l.mn.)	[skar'pɛti]
camisón (m)	koszula (ż) nocna	[kɔ'ʃuʎa 'nɔtsna]
sostén (m)	biustonosz (m)	[bys'tɔnɔʃ]
calcetines (m pl) altos	podkolanówki (l.mn.)	[pɔdkɔʎa'nufki]
pantimedias (f pl)	rajstopy (l.mn.)	[rajs'tɔpɨ]
medias (f pl)	pończochy (l.mn.)	[pɔɲt'ʃɔhɨ]
traje (m) de baño	kostium (m) kąpielowy	['kɔstʰjum kɔ̃pelɔvɨ]

35. Gorras

gorro (m)	czapka (ż)	['tʃapka]
sombrero (m) de fieltro	kapelusz (m) fedora	[ka'pɛlyʃ fɛ'dɔra]
gorra (f) de béisbol	bejsbolówka (ż)	[bɛjsbɔ'lyfka]
gorra (f) plana	kaszkiet (m)	['kaʃket]
boina (f)	beret (m)	['bɛrɛt]
capuchón (m)	kaptur (m)	['kaptur]
panamá (m)	panama (ż)	[pa'nama]
pañuelo (m)	chustka (ż)	['hustka]
sombrero (m) de mujer	kapelusik (m)	[kapɛ'lyɕik]
casco (m) (~ protector)	kask (m)	[kask]
gorro (m) de campaña	furażerka (ż)	[fura'ʒɛrka]
casco (m) (~ de moto)	hełm (m)	[hɛwm]
bombín (m)	melonik (m)	[mɛ'lɔnik]
sombrero (m) de copa	cylinder (m)	[tsɨ'lindɛr]

36. El calzado

calzado (m)	obuwie (n)	[ɔ'buve]
botas (f pl)	buty (l.mn.)	['butɨ]
zapatos (m pl) (~ de tacón bajo)	pantofle (l.mn.)	[pan'tɔfle]
botas (f pl) altas	kozaki (l.mn.)	[kɔ'zaki]
zapatillas (f pl)	kapcie (l.mn.)	['kaptʃe]
tenis (m pl)	adidasy (l.mn.)	[adi'dasɨ]
zapatillas (f pl) de lona	tenisówki (l.mn.)	[tɛni'sufki]
sandalias (f pl)	sandały (l.mn.)	[san'dawɨ]
zapatero (m)	szewc (m)	[ʃɛfts]
tacón (m)	obcas (m)	['ɔbtsas]
par (m)	para (ż)	['para]
cordón (m)	sznurowadło (n)	[ʃnurɔ'vadwɔ]

encordonar (vt)	sznurować	[ʃnu'rɔvatʃ]
calzador (m)	łyżka (z) do butów	['wiʒka dɔ 'butuf]
betún (m)	pasta (z) do butów	['pasta dɔ 'butuf]

37. Accesorios personales

guantes (m pl)	rękawiczki (l.mn.)	[rɛ̆ka'vitʃki]
manoplas (f pl)	rękawiczki (l.mn.)	[rɛ̆ka'vitʃki]
bufanda (f)	szalik (m)	['ʃalik]

gafas (f pl)	okulary (l.mn.)	[ɔku'ʎari]
montura (f)	oprawka (z)	[ɔp'rafka]
paraguas (m)	parasol (m)	[pa'rasɔʎ]
bastón (m)	laska (z)	['ʎaska]
cepillo (m) de pelo	szczotka (z) do włosów	['ʃtʃɔtka dɔ 'vwɔsuv]
abanico (m)	wachlarz (m)	['vahʎaʃ]

corbata (f)	krawat (m)	['kravat]
pajarita (f)	muszka (z)	['muʃka]
tirantes (m pl)	szelki (l.mn.)	['ʃɛʎki]
moquero (m)	chusteczka (z) do nosa	[hus'tɛtʃka dɔ 'nɔsa]

peine (m)	grzebień (m)	['gʒɛbeɲ]
pasador (m) de pelo	spinka (z)	['spiŋka]
horquilla (f)	szpilka (z)	['ʃpiʎka]
hebilla (f)	sprzączka (z)	['spʃɔ̃tʃka]

cinturón (m)	pasek (m)	['pasɛk]
correa (f) (de bolso)	pasek (m)	['pasɛk]

bolsa (f)	torba (z)	['tɔrba]
bolso (m)	torebka (z)	[tɔ'rɛpka]
mochila (f)	plecak (m)	['pletsak]

38. La ropa. Miscelánea

moda (f)	moda (z)	['mɔda]
de moda (adj)	modny	['mɔdnɨ]
diseñador (m) de moda	projektant (m) mody	[prɔ'ektant 'mɔdɨ]

cuello (m)	kołnierz (m)	['kɔwneʃ]
bolsillo (m)	kieszeń (z)	['keʃɛɲ]
de bolsillo (adj)	kieszonkowy	[keʃɔ'ŋkɔvi]
manga (f)	rękaw (m)	['rɛŋkaf]
presilla (f)	wieszak (m)	['veʃak]
bragueta (f)	rozporek (m)	[rɔs'pɔrɛk]

cremallera (f)	zamek (m) błyskawiczny	['zamɛk bwiska'vitʃnɨ]
cierre (m)	zapięcie (m)	[za'pɛ̃tʃe]
botón (m)	guzik (m)	['guʒik]
ojal (m)	dziurką (z) na guzik	['dʒyrka na gu'ʒik]
saltar (un botón)	urwać się	['urvatʃ ɕɛ̃]

coser (vi, vt)	szyć	[ʃitʃ]
bordar (vt)	haftować	[haftɔvatʃ]
bordado (m)	haft (m)	[haft]
aguja (f)	igła (z)	['igwa]
hilo (m)	nitka (z)	['nitka]
costura (f)	szew (m)	[ʃɛf]

ensuciarse (vr)	wybrudzić się	[vɨb'rudʒitʃ ɕɛ̃]
mancha (f)	plama (z)	['pʎama]
arrugarse (vr)	zmiąć się	[zmɔ̃jtʃ ɕɛ̃]
rasgar (vt)	rozerwać	[rɔ'zɛrvatʃ]
polilla (f)	mól (m)	[muʎ]

39. Productos personales. Cosméticos

pasta (f) de dientes	pasta (z) do zębów	['pasta dɔ 'zɛ̃buf]
cepillo (m) de dientes	szczoteczka (z) do zębów	[ʃtʃɔ'tɛtʃka dɔ 'zɛ̃buf]
limpiarse los dientes	myć zęby	[mɨtʃ 'zɛ̃bɨ]

maquinilla (f) de afeitar	maszynka (z) do golenia	[ma'ʃɨŋka dɔ gɔ'lɛɲa]
crema (f) de afeitar	krem (m) do golenia	[krɛm dɔ gɔ'lɛɲa]
afeitarse (vr)	golić się	['gɔlitʃ ɕɛ̃]

| jabón (m) | mydło (n) | ['mɨdwɔ] |
| champú (m) | szampon (m) | ['ʃampɔn] |

tijeras (f pl)	nożyczki (l.mn.)	[nɔ'ʒitʃki]
lima (f) de uñas	pilnik (m) do paznokci	['piʎnik dɔ paz'nɔktʃi]
cortaúñas (m pl)	cążki (l.mn.) do paznokci	['tsɔ̃ʃki dɔ paz'nɔktʃi]
pinzas (f pl)	pinceta (z)	[pin'tsɛta]

cosméticos (m pl)	kosmetyki (l.mn.)	[kɔs'mɛtiki]
mascarilla (f)	maseczka (z)	[ma'sɛtʃka]
manicura (f)	manikiur (m)	[ma'nikyr]
hacer la manicura	robić manikiur	['rɔbitʃ ma'nikyr]
pedicura (f)	pedikiur (m)	[pɛ'dikyr]

neceser (m) de maquillaje	kosmetyczka (z)	[kɔsmɛ'titʃka]
polvos (m pl)	puder (m)	['pudɛr]
polvera (f)	puderniczka (z)	[pudɛr'nitʃka]
colorete (m), rubor (m)	róż (m)	[ruʃ]

perfume (m)	perfumy (l.mn.)	[pɛr'fumɨ]
agua (f) perfumada	woda (z) toaletowa	['vɔda tɔale'tɔva]
loción (f)	płyn (m) kosmetyczny	[pwɨn kɔsmɛ'titʃnɨ]
agua (f) de colonia	woda (z) kolońska	['vɔda kɔ'lɔɲska]

sombra (f) de ojos	cienie (l.mn.) do powiek	['tʃene dɔ 'pɔvek]
lápiz (m) de ojos	kredka (z) do oczu	['krɛtka dɔ 'ɔtʃu]
rímel (m)	tusz (m) do rzęs	[tuʃ dɔ ʒɛ̃s]

pintalabios (m)	szminka (z)	['ʃmiŋka]
esmalte (m) de uñas	lakier (m) do paznokci	['ʎaker dɔ paz'nɔktʃi]
fijador (m) (para el pelo)	lakier (m) do włosów	['ʎaker dɔ 'vwɔsuv]

desodorante (m)	dezodorant (m)	[dɛzɔ'dɔrant]
crema (f)	krem (m)	[krɛm]
crema (f) de belleza	krem (m) do twarzy	[krɛm dɔ 'tfaʒi]
crema (f) de manos	krem (m) do rąk	[krɛm dɔ rɔ̃k]
de día (adj)	na dzień	['na dʒeɲ]
de noche (adj)	nocny	['nɔtsni]
tampón (m)	tampon (m)	['tampɔn]
papel (m) higiénico	papier (m) toaletowy	['paper tɔale'tɔvi]
secador (m) de pelo	suszarka (ż) do włosów	[su'ʃarka dɔ 'vwɔsuv]

40. Los relojes

reloj (m)	zegarek (m)	[zɛ'garɛk]
esfera (f)	tarcza (ż) zegarowa	['tartʃa zɛga'rɔva]
aguja (f)	wskazówka (ż)	[fska'zɔfka]
pulsera (f)	bransoleta (ż)	[bransɔ'leta]
correa (f) (del reloj)	pasek (m)	['pasɛk]
pila (f)	bateria (ż)	[ba'tɛrʲja]
descargarse (vr)	wyczerpać się	[vɨt'ʃɛrpatʃ ɕɛ̃]
cambiar la pila	wymienić baterię	[vɨ'meniʧ ba'tɛrʲɛ̃]
adelantarse (vr)	śpieszyć się	['ɕpeʃiʧ ɕɛ̃]
retrasarse (vr)	spóźnić się	['spuʑniʧ ɕɛ̃]
reloj (m) de pared	zegar (m) ścienny	['zɛgar 'ɕtʃeɲi]
reloj (m) de arena	klepsydra (ż)	[klɛp'sɨdra]
reloj (m) de sol	zegar (m) słoneczny	['zɛgar swɔ'nɛʧni]
despertador (m)	budzik (m)	['budʒik]
relojero (m)	zegarmistrz (m)	[zɛ'garmistʃ]
reparar (vt)	naprawiać	[nap'ravʲaʧ]

LA EXPERIENCIA DIARIA

41. El dinero

dinero (m)	pieniądze (l.mn.)	[penɔ̃dzɛ]
cambio (m)	wymiana (ż)	[vi'mʲana]
curso (m)	kurs (m)	[kurs]
cajero (m) automático	bankomat (m)	[ba'ŋkɔmat]
moneda (f)	moneta (ż)	[mɔ'nɛta]
dólar (m)	dolar (m)	['dɔʎar]
euro (m)	euro (m)	['ɛurɔ]
lira (f)	lir (m)	[lir]
marco (m) alemán	marka (ż)	['marka]
franco (m)	frank (m)	[fraŋk]
libra esterlina (f)	funt szterling (m)	[funt 'ʃtɛrliŋk]
yen (m)	jen (m)	[en]
deuda (f)	dług (m)	[dwuk]
deudor (m)	dłużnik (m)	['dwuʒnik]
prestar (vt)	pożyczyć	[pɔ'ʒɨtʃitʃ]
tomar prestado	pożyczyć od ...	[pɔ'ʒɨtʃitʃ ɔt]
banco (m)	bank (m)	[baŋk]
cuenta (f)	konto (n)	['kɔntɔ]
ingresar en la cuenta	wpłacić na konto	['vpwatʃitʃ na 'kɔntɔ]
sacar de la cuenta	podjąć z konta	['pɔdʰɔ̃tʃ s 'kɔnta]
tarjeta (f) de crédito	karta (ż) kredytowa	['karta krɛdi'tɔva]
dinero (m) en efectivo	gotówka (ż)	[gɔ'tufka]
cheque (m)	czek (m)	[tʃɛk]
sacar un cheque	wystawić czek	[vis'tavitʃ tʃɛk]
talonario (m)	książeczka (ż) czekowa	[kɕɔ̃'ʒɛtʃka tʃɛ'kɔva]
cartera (f)	portfel (m)	['pɔrtfɛʎ]
monedero (m)	portmonetka (ż)	[pɔrtmɔ'nɛtka]
caja (f) fuerte	sejf (m)	[sɛjf]
heredero (m)	spadkobierca (m)	[spatkɔ'bertsa]
herencia (f)	spadek (m)	['spadɛk]
fortuna (f)	majątek (m)	[maɔ̃tɛk]
arriendo (m)	dzierżawa (ż)	[dʑer'ʒava]
alquiler (m) (dinero)	czynsz (m)	[tʃinʃ]
alquilar (~ una casa)	wynajmować	[vinaj'mɔvatʃ]
precio (m)	cena (ż)	['tsɛna]
coste (m)	wartość (ż)	['vartɔɕtʃ]
suma (f)	suma (ż)	['suma]

gastar (vt)	wydawać	[vɨ'davatʃ]
gastos (m pl)	wydatki (l.mn.)	[vɨ'datki]
economizar (vi, vt)	oszczędzać	[ɔʃt'ʃɛndzatʃ]
económico (adj)	ekonomiczny	[ɛkɔnɔ'mitʃnɨ]

pagar (vi, vt)	płacić	['pwatʃitʃ]
pago (m)	opłata (ż)	[ɔp'wata]
cambio (m) (devolver el ~)	reszta (ż)	['rɛʃta]

impuesto (m)	podatek (m)	[pɔ'datɛk]
multa (f)	kara (ż)	['kara]
multar (vt)	karać grzywną	['karatʃ 'gʒivnõ]

42. La oficina de correos

oficina (f) de correos	poczta (ż)	['pɔtʃta]
correo (m) (cartas, etc.)	poczta (ż)	['pɔtʃta]
cartero (m)	listonosz (m)	[lis'tɔnɔʃ]
horario (m) de apertura	godziny (l.mn.) pracy	[gɔ'dʒinɨ 'pratsɨ]

carta (f)	list (m)	[list]
carta (f) certificada	list (m) polecony	[list pɔle'tsɔnɨ]
tarjeta (f) postal	pocztówka (ż)	[pɔtʃ'tufka]
telegrama (m)	telegram (m)	[tɛ'legram]
paquete (m) postal	paczka (ż)	['patʃka]
giro (m) postal	przekaz (m) pieniężny	['pʃɛkas pe'nenʒnɨ]

recibir (vt)	odebrać	[ɔ'dɛbratʃ]
enviar (vt)	wysłać	['vɨswatʃ]
envío (m)	wysłanie (n)	[vɨs'wane]

dirección (f)	adres (m)	['adrɛs]
código (m) postal	kod (m) pocztowy	[kɔt pɔtʃ'tɔvɨ]
expedidor (m)	nadawca (m)	[na'daftsa]
destinatario (m)	odbiorca (m)	[ɔd'bɔrtsa]
nombre (m)	imię (n)	['imɛ̃]
apellido (m)	nazwisko (n)	[naz'viskɔ]

tarifa (f)	taryfa (ż)	[ta'rɨfa]
ordinario (adj)	zwykła	['zvɨkwa]
económico (adj)	oszczędna	[ɔʃt'ʃɛndna]

peso (m)	ciężar (m)	['tʃenʒar]
pesar (~ una carta)	ważyć	['vaʒitʃ]
sobre (m)	koperta (ż)	[kɔ'pɛrta]
sello (m)	znaczek (m)	['znatʃɛk]
poner un sello	naklejać znaczek	[nak'lejatʃ 'znatʃɛk]

43. La banca

| banco (m) | bank (m) | [baŋk] |
| sucursal (f) | filia (ż) | ['fiʎja] |

asesor (m) (~ fiscal)	konsultant (m)	[kɔn'suʎtant]
gerente (m)	kierownik (m)	[ke'rɔvnik]
cuenta (f)	konto (n)	['kɔntɔ]
numero (m) de la cuenta	numer (m) konta	['numɛr 'kɔnta]
cuenta (f) corriente	rachunek (m) bieżący	[ra'hunɛk be'ʒɔ̃tsɨ]
cuenta (f) de ahorros	rachunek (m) oszczędnościowy	[ra'hunɛk ɔʃʧɛ̃dnɔɕ'ʧɔvi]
abrir una cuenta	założyć konto	[za'wɔʒɨʧ 'kɔntɔ]
cerrar la cuenta	zamknąć konto	['zamknɔɲʧ 'kɔ̃tɔ]
ingresar en la cuenta	wpłacić na konto	['vpwaʧiʧ na 'kɔntɔ]
sacar de la cuenta	podjąć z konta	['pɔdʰɔ̃ʧ s 'kɔnta]
depósito (m)	wkład (m)	[fkwat]
hacer un depósito	dokonać wpłaty	[dɔ'kɔnaʧ 'fpwatɨ]
giro (m) bancario	przelew (m)	['pʃɛlev]
hacer un giro	dokonać przelewu	[dɔ'kɔnaʧ pʃɛ'levu]
suma (f)	suma (ż)	['suma]
¿Cuánto?	Ile?	['ile]
firma (f) (nombre)	podpis (m)	['pɔdpis]
firmar (vt)	podpisać	[pɔd'pisaʧ]
tarjeta (f) de crédito	karta (ż) kredytowa	['karta krɛdɨ'tɔva]
código (m)	kod (m)	[kɔd]
número (m) de tarjeta de crédito	numer (m) karty kredytowej	['numɛr 'kartɨ krɛdɨ'tɔvɛj]
cajero (m) automático	bankomat (m)	[ba'ŋkɔmat]
cheque (m)	czek (m)	[ʧɛk]
sacar un cheque	wystawić czek	[vis'taviʧ ʧɛk]
talonario (m)	książeczka (ż) czekowa	[kɕɔ̃'ʒɛʧka ʧɛ'kɔva]
crédito (m)	kredyt (m)	['krɛdɨt]
pedir el crédito	wystąpić o kredyt	[vis'tɔ̃piʧ ɔ 'krɛdɨt]
obtener un crédito	brać kredyt	[braʧ 'krɛdɨt]
conceder un crédito	udzielać kredytu	[u'dʑeʎaʧ krɛ'dɨtu]
garantía (f)	gwarancja (ż)	[gva'rantsʰja]

44. El teléfono. Las conversaciones telefónicas

teléfono (m)	telefon (m)	[tɛ'lefɔn]
teléfono (m) móvil	telefon (m) komórkowy	[tɛ'lefɔn kɔmur'kɔvi]
contestador (m)	sekretarka (ż)	[sɛkrɛ'tarka]
llamar, telefonear	dzwonić	['dzvɔniʧ]
llamada (f)	telefon (m)	[tɛ'lefɔn]
marcar un número	wybrać numer	['vɨbraʧ 'numɛr]
¿Sí?, ¿Dígame?	Halo!	['halɔ]
preguntar (vt)	zapytać	[za'pɨtaʧ]
responder (vi, vt)	odpowiedzieć	[ɔtpɔ'vedʑeʧ]

oír (vt)	słyszeć	['swiʃɛtʃ]
bien (adv)	dobrze	['dɔbʒɛ]
mal (adv)	źle	[zˈle]
ruidos (m pl)	zakłócenia (l.mn.)	[zakwu'tsɛɲa]

auricular (m)	słuchawka (ż)	[swu'hafka]
descolgar (el teléfono)	podnieść słuchawkę	['pɔdnɛetʃ swu'hafkɛ̃]
colgar el auricular	odłożyć słuchawkę	[ɔd'wɔʒitʃ swu'hafkɛ̃]

ocupado (adj)	zajęty	[za'enti]
sonar (teléfono)	dzwonić	['dzvɔnitʃ]
guía (f) de teléfonos	książka (ż) telefoniczna	[kɕɔ̃ʃka tɛlefɔ'nitʃna]

local (adj)	miejscowy	[mejs'tsɔvi]
de larga distancia	międzymiastowy	[mɛ̃dzimʲas'tɔvi]
internacional (adj)	międzynarodowy	[mɛ̃dzɨnarɔ'dɔvi]

45. El teléfono celular

teléfono (m) móvil	telefon (m) komórkowy	[tɛ'lefɔn kɔmur'kɔvi]
pantalla (f)	wyświetlacz (m)	[viɕ'fetʎatʃ]
botón (m)	klawisz (m)	['kʎaviʃ]
tarjeta SIM (f)	karta (ż) SIM	['karta sim]

pila (f)	bateria (ż)	[ba'tɛrʰja]
descargarse (vr)	rozładować się	[rɔzwa'dɔvatʃ ɕɛ̃]
cargador (m)	ładowarka (ż)	[wadɔ'varka]

menú (m)	menu (n)	['menu]
preferencias (f pl)	ustawienia (l.mn.)	[usta'veɲa]
melodía (f)	melodia (ż)	[mɛ'lɔdʰja]
seleccionar (vt)	wybrać	['vɨbratʃ]

calculadora (f)	kalkulator (m)	[kaʎku'ʎatɔr]
contestador (m)	sekretarka (ż)	[sɛkrɛ'tarka]
despertador (m)	budzik (m)	['budʑik]
contactos (m pl)	kontakty (l.mn.)	[kɔn'takti]

mensaje (m) de texto	SMS (m)	[ɛs ɛm ɛs]
abonado (m)	abonent (m)	[a'bɔnɛnt]

46. Los artículos de escritorio

bolígrafo (m)	długopis (m)	[dwu'gɔpis]
pluma (f) estilográfica	pióro (n)	['pyrɔ]

lápiz (f)	ołówek (m)	[ɔ'wuvɛk]
marcador (m)	marker (m)	['markɛr]
rotulador (m)	flamaster (m)	[fʎa'mastɛr]

bloc (m) de notas	notes (m)	['nɔtɛs]
agenda (f)	kalendarz (m)	[ka'lendaʃ]

regla (f)	linijka (ż)	[li'nijka]
calculadora (f)	kalkulator (m)	[kaʎku'ʎatɔr]
goma (f) de borrar	gumka (ż)	['gumka]
chincheta (f)	pinezka (ż)	[pi'nɛska]
clip (m)	spinacz (m)	['spinatʃ]
pegamento (m)	klej (m)	[klej]
grapadora (f)	zszywacz (m)	['sʃivatʃ]
perforador (m)	dziurkacz (m)	['dʒyrkatʃ]
sacapuntas (m)	temperówka (ż)	[tɛmpɛ'rufka]

47. Los idiomas extranjeros

lengua (f)	język (m)	['enzik]
lengua (f) extranjera	obcy język (m)	['ɔbtsi 'enzik]
estudiar (vt)	studiować	[studʰɔvatʃ]
aprender (ingles, etc.)	uczyć się	['utʃitʃ ɕɛ̃]
leer (vi, vt)	czytać	['tʃitatʃ]
hablar (vi, vt)	mówić	['muvitʃ]
comprender (vt)	rozumieć	[rɔ'zumetʃ]
escribir (vt)	pisać	['pisatʃ]
rápidamente (adv)	szybko	['ʃipkɔ]
lentamente (adv)	wolno	['vɔʎnɔ]
con fluidez (adv)	swobodnie	[sfɔ'bɔdne]
reglas (f pl)	reguły (l.mn.)	[rɛ'guwi]
gramática (f)	gramatyka (ż)	[gra'matika]
vocabulario (m)	słownictwo (n)	[swɔv'nitstfɔ]
fonética (f)	fonetyka (ż)	[fɔ'nɛtika]
manual (m)	podręcznik (m)	[pɔd'rɛntʃnik]
diccionario (m)	słownik (m)	['swɔvnik]
manual (m) autodidáctico	samouczek (m)	[samɔ'utʃɛk]
guía (f) de conversación	rozmówki (l.mn.)	[rɔz'mufki]
casete (m)	kaseta (ż)	[ka'sɛta]
videocasete (f)	kaseta (ż) wideo	[ka'sɛta vi'dɛɔ]
CD (m)	płyta CD (ż)	['pwita si'di]
DVD (m)	płyta DVD (ż)	['pwita divi'di]
alfabeto (m)	alfabet (m)	[aʎ'fabɛt]
deletrear (vt)	przeliterować	[pʃɛlite'rɔvatʃ]
pronunciación (f)	wymowa (ż)	[vɨ'mɔva]
acento (m)	akcent (m)	['aktsɛnt]
con acento	z akcentem	[z ak'tsɛntɛm]
sin acento	bez akcentu	[bɛz ak'tsɛntu]
palabra (f)	wyraz (m), słowo (n)	['viraz], ['svɔvɔ]
significado (m)	znaczenie (n)	[zna'tʃenie]
cursos (m pl)	kurs (m)	[kurs]
inscribirse (vr)	zapisać się	[za'pisatʃ ɕɛ̃]

profesor (m) (~ de inglés)	wykładowca (m)	[vɨkwa'dɔftsa]
traducción (f) (proceso)	tłumaczenie (n)	[twumat'ʃɛne]
traducción (f) (texto)	przekład (m)	['pʃɛkwat]
traductor (m)	tłumacz (m)	['twumatʃ]
intérprete (m)	tłumacz (m)	['twumatʃ]
políglota (m)	poliglota (m)	[pɔlig'lɔta]
memoria (f)	pamięć (ż)	['pamɛ̃tʃ]

LAS COMIDAS. EL RESTAURANTE

48. Los cubiertos

cuchara (f)	łyżka (ż)	['wiʃka]
cuchillo (m)	nóż (m)	[nuʃ]
tenedor (m)	widelec (m)	[vi'dɛlets]
taza (f)	filiżanka (ż)	[fili'ʒaŋka]
plato (m)	talerz (m)	['taleʃ]
platillo (m)	spodek (m)	['spɔdɛk]
servilleta (f)	serwetka (ż)	[sɛr'vɛtka]
mondadientes (m)	wykałaczka (ż)	[vɨka'watʃka]

49. El restaurante

restaurante (m)	restauracja (ż)	[rɛstau'ratsʰja]
cafetería (f)	kawiarnia (ż)	[ka'vʲarɲa]
bar (m)	bar (m)	[bar]
salón (m) de té	herbaciarnia (ż)	[hɛrba'tɕarɲa]
camarero (m)	kelner (m)	['kɛʎnɛr]
camarera (f)	kelnerka (ż)	[kɛʎ'nɛrka]
barman (m)	barman (m)	['barman]
carta (f), menú (m)	menu (n)	['menu]
carta (f) de vinos	karta (ż) win	['karta vin]
reservar una mesa	zarezerwować stolik	[zarɛzɛrvɔvatʃ 'stɔlik]
plato (m)	danie (n)	['dane]
pedir (vt)	zamówić	[za'muvitʃ]
hacer el pedido	zamówić	[za'muvitʃ]
aperitivo (m)	aperitif (m)	[apɛri'tif]
entremés (m)	przystawka (ż)	[pʃɨs'tafka]
postre (m)	deser (m)	['dɛsɛr]
cuenta (f)	rachunek (m)	[ra'hunɛk]
pagar la cuenta	zapłacić rachunek	[zap'watʃitʃ ra'hunɛk]
dar la vuelta	wydać resztę	['vɨdatʃ 'rɛʃtɛ̃]
propina (f)	napiwek (m)	[na'pivɛk]

50. Las comidas

comida (f)	jedzenie (n)	[e'dzɛne]
comer (vi, vt)	jeść	[eɕtʃ]

desayuno (m)	śniadanie (n)	[ɕɲa'dane]
desayunar (vi)	jeść śniadanie	[eɕtʃ ɕɲa'dane]
almuerzo (m)	obiad (m)	['ɔbʲat]
almorzar (vi)	jeść obiad	[eɕtʃ 'ɔbʲat]
cena (f)	kolacja (ż)	[kɔ'ʎatsʰja]
cenar (vi)	jeść kolację	[eɕtʃ kɔ'ʎatsʰɛ̃]

| apetito (m) | apetyt (m) | [a'pɛtit] |
| ¡Que aproveche! | Smacznego! | [smatʃ'nɛgɔ] |

abrir (vt)	otwierać	[ɔt'feratʃ]
derramar (líquido)	rozlać	['rɔzʎatʃ]
derramarse (líquido)	rozlać się	['rɔzʎatʃ ɕɛ̃]

hervir (vi)	gotować się	[gɔ'tɔvatʃ ɕɛ̃]
hervir (vt)	gotować	[gɔ'tɔvatʃ]
hervido (agua ~a)	gotowany	[gɔtɔ'vanɨ]
enfriar (vt)	ostudzić	[ɔs'tudʒitʃ]
enfriarse (vr)	stygnąć	['stɨgnɔ̃tʃ]

| sabor (m) | smak (m) | [smak] |
| regusto (m) | posmak (m) | ['pɔsmak] |

adelgazar (vi)	odchudzać się	[ɔd'hudzatʃ ɕɛ̃]
dieta (f)	dieta (ż)	['dʰeta]
vitamina (f)	witamina (ż)	[vita'mina]
caloría (f)	kaloria (ż)	[ka'lɔrja]
vegetariano (m)	wegetarianin (m)	[vɛgɛtarʰ'janin]
vegetariano (adj)	wegetariański	[vɛgɛtarʰ'jaɲski]

grasas (f pl)	tłuszcze (l.mn.)	['twuʃtʃɛ]
proteínas (f pl)	białka (l.mn.)	['bʲawka]
carbohidratos (m pl)	węglowodany (l.mn.)	[vɛnɛ̃zvɔ'danɨ]
loncha (f)	plasterek (m)	[pʎas'tɛrɛk]
pedazo (m)	kawałek (m)	[ka'vawɛk]
miga (f)	okruchek (m)	[ɔk'ruhɛk]

51. Los platos al horno

plato (m)	danie (n)	['dane]
cocina (f)	kuchnia (ż)	['kuhɲa]
receta (f)	przepis (m)	['pʃɛpis]
porción (f)	porcja (ż)	['pɔrtsʰja]

| ensalada (f) | sałatka (ż) | [sa'watka] |
| sopa (f) | zupa (ż) | ['zupa] |

caldo (m)	rosół (m)	['rɔsuw]
bocadillo (m)	kanapka (ż)	[ka'napka]
huevos (m pl) fritos	jajecznica (ż)	[jaetʃ'nitsa]

hamburguesa (f)	hamburger (m)	[ham'burgɛr]
bistec (m)	befsztyk (m)	['bɛfʃtik]
guarnición (f)	dodatki (l.mn.)	[dɔ'datki]

espagueti (m)	spaghetti (n)	[spa'gɛtti]
pizza (f)	pizza (z)	['pitsa]
gachas (f pl)	kasza (z)	['kaʃa]
tortilla (f) francesa	omlet (m)	['ɔmlɛt]

cocido en agua (adj)	gotowany	[gɔtɔ'vani]
ahumado (adj)	wędzony	[vɛ̃'dzɔni]
frito (adj)	smażony	[sma'ʒɔni]
seco (adj)	suszony	[su'ʃɔni]
congelado (adj)	mrożony	[mrɔ'ʒɔni]
marinado (adj)	marynowany	[marinɔ'vani]

azucarado (adj)	słodki	['swɔtki]
salado (adj)	słony	['swɔni]
frío (adj)	zimny	['ʒimni]
caliente (adj)	gorący	[gɔ'rɔ̃tsi]
amargo (adj)	gorzki	['gɔʃki]
sabroso (adj)	smaczny	['smatʃni]

cocer en agua	gotować	[gɔ'tɔvatʃ]
preparar (la cena)	gotować	[gɔ'tɔvatʃ]
freír (vt)	smażyć	['smaʒitʃ]
calentar (vt)	odgrzewać	[ɔdg'ʒɛvatʃ]

salar (vt)	solić	['sɔlitʃ]
poner pimienta	pieprzyć	['pepʃitʃ]
rallar (vt)	trzeć	[tʃɛtʃ]
piel (f)	skórka (z)	['skurka]
pelar (vt)	obierać	[ɔ'beratʃ]

52. La comida

carne (f)	mięso (n)	['mensɔ]
gallina (f)	kurczak (m)	['kurtʃak]
pollo (m)	kurczak (m)	['kurtʃak]
pato (m)	kaczka (z)	['katʃka]
ganso (m)	gęś (z)	[gɛ̃ɕ]
caza (f) menor	dziczyzna (z)	[dʒit'ʃizna]
pava (f)	indyk (m)	['indik]

carne (f) de cerdo	wieprzowina (z)	[vepʃɔ'vina]
carne (f) de ternera	cielęcina (z)	[tʃelɛ̃'tʃina]
carne (f) de carnero	baranina (z)	[bara'nina]
carne (f) de vaca	wołowina (z)	[vɔwɔ'vina]
conejo (m)	królik (m)	['krulik]

salchichón (m)	kiełbasa (z)	[kew'basa]
salchicha (f)	parówka (z)	[pa'rufka]
beicon (m)	boczek (m)	['bɔtʃɛk]
jamón (m)	szynka (z)	['ʃiŋka]
jamón (m) fresco	szynka (z)	['ʃiŋka]

| paté (m) | pasztet (m) | ['paʃtɛt] |
| hígado (m) | wątróbka (z) | [vɔ̃t'rupka] |

carne (f) picada	**farsz** (m)	[farʃ]
lengua (f)	**ozór** (m)	['ɔzur]
huevo (m)	**jajko** (n)	['jajkɔ]
huevos (m pl)	**jajka** (l.mn.)	['jajka]
clara (f)	**białko** (n)	['bʲawkɔ]
yema (f)	**żółtko** (n)	['ʒuwtkɔ]
pescado (m)	**ryba** (ż)	['riba]
mariscos (m pl)	**owoce** (l.mn.) **morza**	[ɔ'vɔtsɛ 'mɔʒa]
caviar (m)	**kawior** (m)	['kavɜr]
cangrejo (m) de mar	**krab** (m)	[krap]
camarón (m)	**krewetka** (ż)	[krɛ'vɛtka]
ostra (f)	**ostryga** (ż)	[ɔst'riga]
langosta (f)	**langusta** (ż)	[ʎa'ŋusta]
pulpo (m)	**ośmiornica** (ż)	[ɔɕmɜr'nitsa]
calamar (m)	**kałamarnica** (ż)	[kawamar'nitsa]
esturión (m)	**mięso** (n) **jesiotra**	['mensɔ e'ɕatra]
salmón (m)	**łosoś** (m)	['wɔsɔɕ]
fletán (m)	**halibut** (m)	[ha'libut]
bacalao (m)	**dorsz** (m)	[dɔrʃ]
caballa (f)	**makrela** (ż)	[mak'rɛla]
atún (m)	**tuńczyk** (m)	['tuɲtʃik]
anguila (f)	**węgorz** (m)	['vɛŋɔʃ]
trucha (f)	**pstrąg** (m)	[pstrɔ̃k]
sardina (f)	**sardynka** (ż)	[sar'dɨŋka]
lucio (m)	**szczupak** (m)	['ʃtʃupak]
arenque (m)	**śledź** (m)	[ɕletʃ]
pan (m)	**chleb** (m)	[hlep]
queso (m)	**ser** (m)	[sɛr]
azúcar (m)	**cukier** (m)	['tsuker]
sal (f)	**sól** (ż)	[suʎ]
arroz (m)	**ryż** (m)	[riʃ]
macarrones (m pl)	**makaron** (m)	[ma'karɔn]
tallarines (m pl)	**makaron** (m)	[ma'karɔn]
mantequilla (f)	**masło** (n) **śmietankowe**	['maswɔ ɕmeta'ŋkɔvɛ]
aceite (m) vegetal	**olej** (m) **roślinny**	['ɔlej rɔɕliɲi]
aceite (m) de girasol	**olej** (m) **słonecznikowy**	['ɔlej swɔnɛtʃnikɔvi]
margarina (f)	**margaryna** (ż)	[marga'rina]
olivas (f pl)	**oliwki** (ż, l.mn.)	[ɔ'lifki]
aceite (m) de oliva	**olej** (m) **oliwkowy**	['ɔlej ɔlifkɔvi]
leche (f)	**mleko** (n)	['mlekɔ]
leche (f) condensada	**mleko** (n) **skondensowane**	['mlekɔ skɔndɛnsɔ'vanɛ]
yogur (m)	**jogurt** (m)	[ʒgurt]
nata (f) agria	**śmietana** (ż)	[ɕme'tana]
nata (f) líquida	**śmietanka** (ż)	[ɕme'taŋka]
mayonesa (f)	**majonez** (m)	[maʒnɛs]

crema (f) de mantequilla	krem (m)	[krɛm]
cereal molido grueso	kasza (ż)	['kaʃa]
harina (f)	mąka (ż)	['mõka]
conservas (f pl)	konserwy (l.mn.)	[kɔn'sɛrvɨ]

copos (m pl) de maíz	płatki (l.mn.) kukurydziane	['pwatki kukurɨ'dʒʲanɛ]
miel (f)	miód (m)	[myt]
confitura (f)	dżem (m)	[dʒɛm]
chicle (m)	guma (ż) do żucia	['guma dɔ 'ʒutɕʲa]

53. Las bebidas

agua (f)	woda (ż)	['vɔda]
agua (f) potable	woda (ż) pitna	['vɔda 'pitna]
agua (f) mineral	woda (ż) mineralna	['vɔda minɛ'raʎna]

sin gas	niegazowana	[nega'zɔvana]
gaseoso (adj)	gazowana	[ga'zɔvana]
con gas	gazowana	[ga'zɔvana]
hielo (m)	lód (m)	[lyt]
con hielo	z lodem	[z 'lɔdɛm]

sin alcohol	bezalkoholowy	[bɛzaʎkɔhɔ'lɔvɨ]
bebida (f) sin alcohol	napój (m) bezalkoholowy	['napuj bɛzalkɔhɔ'lɔvɨ]
refresco (m)	napój (m) orzeźwiający	['napuj ɔʒɛzʲvjaõtsɨ]
limonada (f)	lemoniada (ż)	[lemɔ'ɲjada]

bebidas (f pl) alcohólicas	napoje (l.mn.) alkoholowe	[na'pɔe aʎkɔhɔ'lɔvɛ]
vino (m)	wino (n)	['vinɔ]
vino (m) blanco	białe wino (n)	['bʲawɛ 'vinɔ]
vino (m) tinto	czerwone wino (n)	[tʃɛr'vɔnɛ 'vinɔ]

licor (m)	likier (m)	['liker]
champaña (f)	szampan (m)	['ʃampan]
vermú (m)	wermut (m)	['vɛrmut]

whisky (m)	whisky (ż)	[u'iski]
vodka (m)	wódka (ż)	['vutka]
ginebra (f)	dżin (m), gin (m)	[dʒin]
coñac (m)	koniak (m)	['kɔɲjak]
ron (m)	rum (m)	[rum]

café (m)	kawa (ż)	['kava]
café (m) solo	czarna kawa (ż)	['tʃarna 'kava]
café (m) con leche	kawa (ż) z mlekiem	['kava z 'mlekem]
capuchino (m)	cappuccino (n)	[kapu'tʃinɔ]
café (m) soluble	kawa (ż) rozpuszczalna	['kava rɔspuʃt'ʃaʎna]

leche (f)	mleko (n)	['mlekɔ]
cóctel (m)	koktajl (m)	['kɔktajʎ]
batido (m)	koktajl (m) mleczny	['kɔktajʎ 'mletʃnɨ]

zumo (m), jugo (m)	sok (m)	[sɔk]
jugo (m) de tomate	sok (m) pomidorowy	[sɔk pomidɔ'rɔvɨ]

| zumo (m) de naranja | sok (m) pomarańczowy | [sɔk pɔmaraɲt'ʃɔvi] |
| zumo (m) fresco | sok (m) ze świeżych owoców | [sɔk zɛ 'ɕfeʒih ɔ'vɔtsuf] |

cerveza (f)	piwo (n)	['pivɔ]
cerveza (f) rubia	piwo (n) jasne	[pivɔ 'jasnɛ]
cerveza (f) negra	piwo (n) ciemne	[pivɔ 'tʃemnɛ]

té (m)	herbata (ż)	[hɛr'bata]
té (m) negro	czarna herbata (ż)	['tʃarna hɛr'bata]
té (m) verde	zielona herbata (ż)	[ʒe'lɔna hɛr'bata]

54. Las verduras

| legumbres (f pl) | warzywa (l.mn.) | [va'ʒiva] |
| verduras (f pl) | włoszczyzna (ż) | [vwɔʃt'ʃizna] |

tomate (m)	pomidor (m)	[pɔ'midɔr]
pepino (m)	ogórek (m)	[ɔ'gurɛk]
zanahoria (f)	marchew (ż)	['marhɛf]
patata (f)	ziemniak (m)	[ʒem'ɲak]
cebolla (f)	cebula (ż)	[tsɛ'buʎa]
ajo (m)	czosnek (m)	['tʃɔsnɛk]

| col (f) | kapusta (ż) | [ka'pusta] |
| coliflor (f) | kalafior (m) | [ka'ʎafɜr] |

| col (f) de Bruselas | brukselka (ż) | [bruk'sɛʎka] |
| brócoli (m) | brokuły (l.mn.) | [brɔ'kuwi] |

remolacha (f)	burak (m)	['burak]
berenjena (f)	bakłażan (m)	[bak'waʒan]
calabacín (m)	kabaczek (m)	[ka'batʃɛk]

| calabaza (f) | dynia (ż) | ['diɲa] |
| nabo (m) | rzepa (ż) | ['ʒɛpa] |

perejil (m)	pietruszka (ż)	[pet'ruʃka]
eneldo (m)	koperek (m)	[kɔ'pɛrɛk]
lechuga (f)	sałata (ż)	[sa'wata]
apio (m)	seler (m)	['sɛler]

| espárrago (m) | szparagi (l.mn.) | [ʃpa'ragi] |
| espinaca (f) | szpinak (m) | ['ʃpinak] |

| guisante (m) | groch (m) | [grɔh] |
| habas (f pl) | bób (m) | [bup] |

| maíz (m) | kukurydza (ż) | [kuku'ridza] |
| fréjol (m) | fasola (ż) | [fa'sɔʎa] |

pimentón (m)	słodka papryka (ż)	['swɔdka pap'rika]
rábano (m)	rzodkiewka (ż)	[ʒɔt'kefka]
alcachofa (f)	karczoch (m)	['kartʃɔh]

59

55. Las frutas. Las nueces

fruto (m)	owoc (m)	['ɔvɔts]
manzana (f)	jabłko (n)	['jabkɔ]
pera (f)	gruszka (ż)	['gruʃka]
limón (m)	cytryna (ż)	[tsɨt'rɨna]
naranja (f)	pomarańcza (ż)	[pɔma'raɲtʃa]
fresa (f)	truskawka (ż)	[trus'kafka]
mandarina (f)	mandarynka (ż)	[manda'rɨŋka]
ciruela (f)	śliwka (ż)	['ɕlifka]
melocotón (m)	brzoskwinia (ż)	[bʒɔsk'fiɲa]
albaricoque (m)	morela (ż)	[mɔ'rɛʎa]
frambuesa (f)	malina (ż)	[ma'lina]
ananás (m)	ananas (m)	[a'nanas]
banana (f)	banan (m)	['banan]
sandía (f)	arbuz (m)	['arbus]
uva (f)	winogrona (l.mn.)	[vinɔg'rɔna]
guinda (f)	wiśnia (ż)	['viɕɲa]
cereza (f)	czereśnia (ż)	[tʃɛ'rɛɕɲa]
melón (m)	melon (m)	['mɛlɜn]
pomelo (m)	grejpfrut (m)	['grɛjpfrut]
aguacate (m)	awokado (n)	[avɔ'kadɔ]
papaya (m)	papaja (ż)	[pa'paja]
mango (m)	mango (n)	['maŋɔ]
granada (f)	granat (m)	['granat]
grosella (f) roja	czerwona porzeczka (ż)	[tʃɛr'vɔna pɔ'ʒɛtʃka]
grosella (f) negra	czarna porzeczka (ż)	['tʃarna pɔ'ʒɛtʃka]
grosella (f) espinosa	agrest (m)	['agrɛst]
arándano (m)	borówka (ż) czarna	[bɔ'rɔfka 'tʃarna]
zarzamoras (f pl)	jeżyna (ż)	[e'ʒina]
pasas (f pl)	rodzynek (m)	[rɔ'dzinɛk]
higo (m)	figa (ż)	['figa]
dátil (m)	daktyl (m)	['daktɨl]
cacahuete (m)	orzeszek (l.mn.) ziemny	[ɔ'ʒɛʃɛk 'ʒemnɛ]
almendra (f)	migdał (m)	['migdaw]
nuez (f)	orzech (m) włoski	['ɔʒɛh 'vwɔski]
avellana (f)	orzech (m) laskowy	['ɔʒɛh ʎas'kɔvɨ]
nuez (f) de coco	orzech (m) kokosowy	['ɔʒɛh kɔkɔ'sɔvɨ]
pistachos (m pl)	fistaszki (l.mn.)	[fis'taʃki]

56. El pan. Los dulces

pasteles (m pl)	wyroby (l.mn.) cukiernicze	[vi'rɔbɨ tsuker'nitʃɛ]
pan (m)	chleb (m)	[hlep]
galletas (f pl)	herbatniki (l.mn.)	[hɛrbat'niki]
chocolate (m)	czekolada (ż)	[tʃɛkɔ'ʎada]
de chocolate (adj)	czekoladowy	[tʃɛkɔʎa'dɔvɨ]

caramelo (m)	cukierek (m)	[tsu'kerɛk]
tarta (f) (pequeña)	ciastko (n)	['tʃastkɔ]
tarta (f) (~ de cumpleaños)	tort (m)	[tɔrt]

| pastel (m) (~ de manzana) | ciasto (n) | ['tʃastɔ] |
| relleno (m) | nadzienie (n) | [na'dʒene] |

confitura (f)	konfitura (ż)	[kɔnfi'tura]
mermelada (f)	marmolada (ż)	[marmɔ'ʎada]
gofre (m)	wafle (l.mn.)	['vafle]
helado (m)	lody (l.mn.)	['lɔdɨ]

57. Las especias

sal (f)	sól (ż)	[suʎ]
salado (adj)	słony	['swɔnɨ]
salar (vt)	solić	['sɔlitʃ]

pimienta (f) negra	pieprz (m) czarny	[pepʃ 'tʃarnɨ]
pimienta (f) roja	papryka (ż)	[pap'rika]
mostaza (f)	musztarda (ż)	[muʃ'tarda]
rábano (m) picante	chrzan (m)	[hʃan]

condimento (m)	przyprawa (ż)	[pʃɨp'rava]
especia (f)	przyprawa (ż)	[pʃɨp'rava]
salsa (f)	sos (m)	[sɔs]
vinagre (m)	ocet (m)	['ɔtset]

anís (m)	anyż (m)	['aniʃ]
albahaca (f)	bazylia (ż)	[ba'ziʎja]
clavo (m)	goździki (l.mn.)	['gɔzʲdʒiki]
jengibre (m)	imbir (m)	['imbir]
cilantro (m)	kolendra (ż)	[kɔ'lendra]
canela (f)	cynamon (m)	[tsɨ'namɔn]

sésamo (m)	sezam (m)	['sɛzam]
hoja (f) de laurel	liść (m) laurowy	[liɕtʃ ʎau'rovɨ]
paprika (f)	papryka (ż)	[pap'rika]
comino (m)	kminek (m)	['kminɛk]
azafrán (m)	szafran (m)	['ʃafran]

LA INFORMACIÓN PERSONAL. LA FAMILIA

58. La información personal. Los formularios

nombre (m)	imię (n)	['imɛ̃]
apellido (m)	nazwisko (n)	[naz'viskɔ]
fecha (f) de nacimiento	data (ż) urodzenia	['data urɔ'dzɛɲa]
lugar (m) de nacimiento	miejsce (n) urodzenia	['mejstsɛ urɔ'dzɛɲa]

nacionalidad (f)	narodowość (ż)	[narɔ'dɔvɔɕtʃ]
domicilio (m)	miejsce (n) zamieszkania	['mejstse zamɛʃ'kaɲa]
país (m)	kraj (m)	[kraj]
profesión (f)	zawód (m)	['zavut]

sexo (m)	płeć (ż)	['pwɛtʃ]
estatura (f)	wzrost (m)	[vzrɔst]
peso (m)	waga (ż)	['vaga]

59. Los familiares. Los parientes

madre (f)	matka (ż)	['matka]
padre (m)	ojciec (m)	['ɔjtʃets]
hijo (m)	syn (m)	[sɨn]
hija (f)	córka (ż)	['tsurka]

hija (f) menor	młodsza córka (ż)	['mwɔtʃa 'tsurka]
hijo (m) menor	młodszy syn (m)	['mwɔtʃi sɨn]
hija (f) mayor	starsza córka (ż)	['starʃa 'tsurka]
hijo (m) mayor	starszy syn (m)	['starʃi sɨn]

| hermano (m) | brat (m) | [brat] |
| hermana (f) | siostra (ż) | ['ɕɔstra] |

primo (m)	kuzyn (m)	['kuzɨn]
prima (f)	kuzynka (ż)	[ku'zɨŋka]
mamá (f)	mama (ż)	['mama]
papá (m)	tata (m)	['tata]
padres (m pl)	rodzice (l.mn.)	[rɔ'dʑitsɛ]
niño -a (m, f)	dziecko (n)	['dʑetskɔ]
niños (m pl)	dzieci (l.mn.)	['dʑetʃi]

abuela (f)	babcia (ż)	['babtʃa]
abuelo (m)	dziadek (m)	['dʑadɛk]
nieto (m)	wnuk (m)	[vnuk]
nieta (f)	wnuczka (ż)	['vnutʃka]
nietos (m pl)	wnuki (l.mn.)	['vnuki]
tío (m)	wujek (m)	['vuek]
tía (f)	ciocia (ż)	['tʃɔtʃa]

| sobrino (m) | bratanek (m), siostrzeniec (m) | [bra'tanɛk], [sɔst'ʃɛnɛts] |
| sobrina (f) | bratanica (ż), siostrzenica (ż) | [brata'nitsa], [sɔst'ʃɛnitsa] |

suegra (f)	teściowa (ż)	[tɛɕ'tɕova]
suegro (m)	teść (m)	[tɛɕtɕ]
yerno (m)	zięć (m)	[ʑɛ̃tɕ]
madrastra (f)	macocha (ż)	[ma'tsɔha]
padrastro (m)	ojczym (m)	['ɔjtʃim]

niño (m) de pecho	niemowlę (n)	[ne'mɔvlɛ̃]
bebé (m)	niemowlę (n)	[ne'mɔvlɛ̃]
chico (m)	maluch (m)	['malyh]

mujer (f)	żona (ż)	['ʒɔna]
marido (m)	mąż (m)	[mɔ̃ʃ]
esposo (m)	małżonek (m)	[maw'ʒɔnɛk]
esposa (f)	małżonka (ż)	[maw'ʒɔŋka]

casado (adj)	żonaty	[ʒɔ'nati]
casada (adj)	zamężna	[za'mɛnʒna]
soltero (adj)	nieżonaty	[neʒɔ'nati]
soltero (m)	kawaler (m)	[ka'valer]
divorciado (adj)	rozwiedziony	[rɔzve'dʑɔnɨ]
viuda (f)	wdowa (ż)	['vdɔva]
viudo (m)	wdowiec (m)	['vdɔvets]

pariente (m)	krewny (m)	['krɛvnɨ]
pariente (m) cercano	bliski krewny (m)	['bliski 'krɛvnɨ]
pariente (m) lejano	daleki krewny (m)	[da'leki 'krɛvnɨ]
parientes (m pl)	rodzina (ż)	[rɔ'dʑina]

huérfano (m), huérfana (f)	sierota (ż)	[ɕe'rɔta]
tutor (m)	opiekun (m)	[ɔ'pekun]
adoptar (un niño)	zaadoptować	[za:dɔp'tɔvatʃ]
adoptar (una niña)	zaadoptować	[za:dɔp'tɔvatʃ]

60. Los amigos. Los compañeros del trabajo

amigo (m)	przyjaciel (m)	[pʃi'jatʃeʎ]
amiga (f)	przyjaciółka (ż)	[pʃija'tʃuwka]
amistad (f)	przyjaźń (ż)	['pʃijaʑɲ]
ser amigo	przyjaźnić się	[pʃi'jaʑnitʃ ɕɛ̃]

amigote (m)	kumpel (m)	['kumpɛʎ]
amiguete (f)	kumpela (ż)	[kum'pɛʎa]
compañero (m)	partner (m)	['partnɛr]

jefe (m)	szef (m)	[ʃɛf]
superior (m)	kierownik (m)	[ke'rɔvnik]
subordinado (m)	podwładny (m)	[pɔdv'wadnɨ]
colega (m, f)	koleżanka (ż)	[kɔle'ʒaŋka]

| conocido (m) | znajomy (m) | [zna3mɨ] |
| compañero (m) de viaje | towarzysz (m) podróży | [tɔ'vaʒiʃ pɔd'ruʒɨ] |

condiscípulo (m)	**kolega** (m) **z klasy**	[kɔ'lega s 'kʎasɨ]
vecino (m)	**sąsiad** (m)	['sɔ̃ɕat]
vecina (f)	**sąsiadka** (ż)	[sɔ̃'ɕatka]
vecinos (m pl)	**sąsiedzi** (l.mn.)	[sɔ̃'ɕedʑi]

EL CUERPO. LA MEDICINA

61. La cabeza

cabeza (f)	głowa (ż)	['gwɔva]
cara (f)	twarz (ż)	[tfaʃ]
nariz (f)	nos (m)	[nɔs]
boca (f)	usta (l.mn.)	['usta]
ojo (m)	oko (n)	['ɔkɔ]
ojos (m pl)	oczy (l.mn.)	['ɔtʃi]
pupila (f)	źrenica (ż)	[zʲre'niʦa]
ceja (f)	brew (ż)	[brɛf]
pestaña (f)	rzęsy (l.mn.)	['ʒɛnsi]
párpado (m)	powieka (ż)	[pɔ'veka]
lengua (f)	język (m)	['enzik]
diente (m)	ząb (m)	[zɔ̃mp]
labios (m pl)	wargi (l.mn.)	['vargi]
pómulos (m pl)	kości (l.mn.) policzkowe	['kɔɕʨi politʃ'kɔvɛ]
encía (f)	dziąsło (n)	[dʑɔ̃swɔ]
paladar (m)	podniebienie (n)	[pɔdne'bene]
ventanas (f pl)	nozdrza (l.mn.)	['nɔzdʒa]
mentón (m)	podbródek (m)	[pɔdb'rudek]
mandíbula (f)	szczęka (ż)	['ʃtʃɛŋka]
mejilla (f)	policzek (m)	[pɔ'litʃɛk]
frente (f)	czoło (n)	['tʃɔwɔ]
sien (f)	skroń (ż)	[skrɔɲ]
oreja (f)	ucho (n)	['uhɔ]
nuca (f)	potylica (ż)	[pɔti'liʦa]
cuello (m)	szyja (ż)	['ʃija]
garganta (f)	gardło (n)	['gardwɔ]
pelo, cabello (m)	włosy (l.mn.)	['vwɔsi]
peinado (m)	fryzura (ż)	[fri'zura]
corte (m) de pelo	uczesanie (n)	[utʃɛ'sane]
peluca (f)	peruka (ż)	[pɛ'ruka]
bigote (m)	wąsy (l.mn.)	['vɔ̃si]
barba (f)	broda (ż)	['brɔda]
tener (~ la barba)	nosić	['nɔɕiʧ]
trenza (f)	warkocz (m)	['varkɔʧ]
patillas (f pl)	baczki (l.mn.)	['batʃki]
pelirrojo (adj)	rudy	['rudɨ]
gris, canoso (adj)	siwy	['ɕivɨ]
calvo (adj)	łysy	['wisɨ]
calva (f)	łysina (ż)	[wɨ'ɕina]

cola (f) de caballo	koński ogon (m)	['kɔɲski 'ɔgɔn]
flequillo (m)	grzywka (ż)	['gʒifka]

62. El cuerpo

mano (f)	dłoń (ż)	[dwɔɲ]
brazo (m)	ręka (ż)	['rɛŋka]

dedo (m)	palec (m)	['palets]
dedo (m) pulgar	kciuk (m)	['ktʃuk]
dedo (m) meñique	mały palec (m)	['mawɨ 'palets]
uña (f)	paznokieć (m)	[paz'nɔketʃ]

puño (m)	pięść (ż)	[pɛ̃ɕtʃ]
palma (f)	dłoń (ż)	[dwɔɲ]
muñeca (f)	nadgarstek (m)	[nad'garstɛk]
antebrazo (m)	przedramię (n)	[pʃɛd'ramɛ̃]
codo (m)	łokieć (n)	['wɔketʃ]
hombro (m)	ramię (n)	['ramɛ̃]

pierna (f)	noga (ż)	['nɔga]
planta (f)	stopa (ż)	['stɔpa]
rodilla (f)	kolano (n)	[kɔ'ʎanɔ]
pantorrilla (f)	łydka (ż)	['wɨtka]
cadera (f)	biodro (n)	['bɔdrɔ]
talón (m)	pięta (ż)	['pɛnta]

cuerpo (m)	ciało (n)	['tʃʲawɔ]
vientre (m)	brzuch (m)	[bʒuh]
pecho (m)	pierś (ż)	[perɕ]
seno (m)	piersi (l.mn.)	['perɕi]
lado (m), costado (m)	bok (m)	[bɔk]
espalda (f)	plecy (l.mn.)	['pletsɨ]
zona (f) lumbar	krzyż (m)	[kʃɨʃ]
cintura (f), talle (m)	talia (ż)	['taʎja]

ombligo (m)	pępek (m)	['pɛ̃pɛk]
nalgas (f pl)	pośladki (l.mn.)	[pɔɕ'ʎatki]
trasero (m)	tyłek (m)	['tɨwɛk]

lunar (m)	pieprzyk (m)	['pepʃik]
marca (f) de nacimiento	znamię (n)	['znamɛ̃]
tatuaje (m)	tatuaż (m)	[ta'tuaʃ]
cicatriz (f)	blizna (ż)	['blizna]

63. Las enfermedades

enfermedad (f)	choroba (ż)	[hɔ'rɔba]
estar enfermo	chorować	[hɔ'rɔvatʃ]
salud (f)	zdrowie (n)	['zdrɔve]
resfriado (m) (coriza)	katar (m)	['katar]
angina (f)	angina (ż)	[aɲina]

resfriado (m)	przeziębienie (n)	[pʃɛʒɛ̃'bene]
resfriarse (vr)	przeziębić się	[pʃɛ'ʒembitʃ ɕɛ̃]
bronquitis (f)	zapalenie (n) oskrzeli	[zapa'lɛne ɔsk'ʃɛli]
pulmonía (f)	zapalenie (n) płuc	[zapa'lɛne pwuts]
gripe (f)	grypa (ż)	['gripa]
miope (adj)	krótkowzroczny	[krutkɔvz'rɔtʃnɨ]
présbita (adj)	dalekowzroczny	[dalekɔvz'rɔtʃnɨ]
estrabismo (m)	zez (m)	[zɛs]
estrábico (m) (adj)	zezowaty	[zɛzɔ'vatɨ]
catarata (f)	katarakta (ż)	[kata'rakta]
glaucoma (f)	jaskra (ż)	['jaskra]
insulto (m)	wylew (m)	['vɨlef]
ataque (m) cardiaco	zawał (m)	['zavaw]
infarto (m) de miocardio	zawał (m) mięśnia sercowego	['zavaw 'mɛ̃ɕɲa sɛrtsɔ'vɛgɔ]
parálisis (f)	paraliż (m)	[pa'raliʃ]
paralizar (vt)	sparaliżować	[sparali'ʒɔvatʃ]
alergia (f)	alergia (ż)	[a'lergʰja]
asma (f)	astma (ż)	['astma]
diabetes (m)	cukrzyca (ż)	[tsuk'ʃɨtsa]
dolor (m) de muelas	ból (m) zęba	[buʎ 'zɛ̃ba]
caries (f)	próchnica (ż)	[pruh'nitsa]
diarrea (f)	rozwolnienie (n)	[rɔzvɔʎ'nene]
estreñimiento (m)	zaparcie (n)	[za'partʃe]
molestia (f) estomacal	rozstrój (m) żołądka	['rɔsstruj ʒɔ'wɔ̃tka]
envenenamiento (m)	zatrucie (n) pokarmowe	[zat'rutʃe pokar'mɔvɛ]
envenenarse (vr)	zatruć się	['zatrutʃ ɕɛ̃]
artritis (f)	artretyzm (m)	[art'rɛtizm]
raquitismo (m)	krzywica (ż)	[kʃi'vitsa]
reumatismo (m)	reumatyzm (m)	[rɛu'matizm]
ateroesclerosis (f)	miażdżyca (ż)	[mʲaʒ'dʒitsa]
gastritis (f)	nieżyt (m) żołądka	['neʒit ʒɔ'wɔ̃tka]
apendicitis (f)	zapalenie (n) wyrostka robaczkowego	[zapa'lene vi'rɔstka rɔbatʃkɔ'vɛgɔ]
úlcera (f)	wrzód (m)	[vʒut]
sarampión (m)	odra (ż)	['ɔdra]
rubeola (f)	różyczka (ż)	[ru'ʒitʃka]
ictericia (f)	żółtaczka (ż)	[ʒuw'tatʃka]
hepatitis (f)	zapalenie (n) wątroby	[zapa'lene vɔ̃t'rɔbɨ]
esquizofrenia (f)	schizofrenia (ż)	[shizɔf'rɛnʰja]
rabia (f) (hidrofobia)	wścieklizna (ż)	[vɕtʃek'lizna]
neurosis (f)	nerwica (ż)	[nɛr'vitsa]
conmoción (m) cerebral	wstrząs (m) mózgu	[fstʃɔ̃s 'muzgu]
cáncer (m)	rak (m)	[rak]
esclerosis (f)	stwardnienie (n)	[stvard'nenie]

esclerosis (m) múltiple	stwardnienie (n) rozsiane	[stfard'nene rɔz'ɕanɛ]
alcoholismo (m)	alkoholizm (m)	[aʎkɔ'hɔlizm]
alcohólico (m)	alkoholik (m)	[aʎkɔ'hɔlik]
sífilis (f)	syfilis (m)	[si'filis]
SIDA (f)	AIDS (m)	[ɛjʦ]

tumor (m)	nowotwór (m)	[nɔ'vɔtfur]
maligno (adj)	złośliwa	[zwɔɕ'liva]
benigno (adj)	niezłośliwa	[nezwɔɕ'liva]

fiebre (f)	febra (ż)	['fɛbra]
malaria (f)	malaria (ż)	[ma'ʎarʰja]
gangrena (f)	gangrena (ż)	[gaŋ'rɛna]
mareo (m)	choroba (ż) morska	[hɔ'rɔba 'mɔrska]
epilepsia (f)	padaczka (ż)	[pa'daʧka]

epidemia (f)	epidemia (ż)	[ɛpi'dɛmʰja]
tifus (m)	tyfus (m)	['tifus]
tuberculosis (f)	gruźlica (ż)	[gruʑ'litsa]
cólera (f)	cholera (ż)	[hɔ'lera]
peste (f)	dżuma (ż)	['dʒuma]

64. Los síntomas. Los tratamientos. Unidad 1

síntoma (m)	objaw (m)	['ɔbʰjaf]
temperatura (f)	temperatura (ż)	[tɛmpɛra'tura]
fiebre (f)	gorączka (ż)	[gɔ'rɔ̃ʧka]
pulso (m)	puls (m)	[puʎs]

mareo (m) (vértigo)	zawrót (m) głowy	['zavrut 'gwɔvɨ]
caliente (adj)	gorący	[gɔ'rɔ̃tsɨ]
escalofrío (m)	dreszcz (m)	['drɛʃʧ]
pálido (adj)	blady	['bʎadɨ]

tos (f)	kaszel (m)	['kaʃɛʎ]
toser (vi)	kaszleć	['kaʃleʧ]
estornudar (vi)	kichać	['kihaʧ]
desmayo (m)	omdlenie (n)	[ɔmd'lene]
desmayarse (vr)	zemdleć	['zɛmdleʧ]

moradura (f)	siniak (m)	['ɕiɲak]
chichón (m)	guz (m)	[gus]
golpearse (vr)	uderzyć się	[u'dɛʑiʧ ɕɛ̃]
magulladura (f)	stłuczenie (n)	[stwut'ʃɛne]
magullarse (vr)	potłuc się	['pɔtwuʦ ɕɛ̃]

cojear (vi)	kuleć	['kuleʧ]
dislocación (f)	zwichnięcie (n)	[zvih'nɛ̃ʧe]
dislocar (vt)	zwichnąć	['zvihnɔ̃ʧ]
fractura (f)	złamanie (n)	[zwa'mane]
tener una fractura	otrzymać złamanie	[ɔt'ʃimaʧ zwa'mane]

| corte (m) (tajo) | skaleczenie (n) | [skalet'ʃɛne] |
| cortarse (vr) | skaleczyć się | [ska'letʃiʧ ɕɛ̃] |

hemorragia (f)	krwotok (m)	['krfɔtɔk]
quemadura (f)	oparzenie (n)	[ɔpa'ʒɛne]
quemarse (vr)	poparzyć się	[pɔ'paʒitʃ ɕɛ̃]

pincharse (el dedo)	ukłuć	['ukwutʃ]
pincharse (vr)	ukłuć się	['ukwutʃ ɕɛ̃]
herir (vt)	uszkodzić	[uʃ'kɔdʑitʃ]
herida (f)	uszkodzenie (n)	[uʃkɔ'dzɛne]
lesión (f) (herida)	rana (ż)	['rana]
trauma (m)	uraz (m)	['uras]

delirar (vi)	bredzić	['brɛdʑitʃ]
tartamudear (vi)	jąkać się	[ɔ̃katʃ ɕɛ̃]
insolación (f)	udar (m) słoneczny	['udar swɔ'nɛtʃni]

65. Los síntomas. Los tratamientos. Unidad 2

dolor (m)	ból (m)	[buʎ]
astilla (f)	drzazga (ż)	['dʒazga]

sudor (m)	pot (m)	[pɔt]
sudar (vi)	pocić się	['pɔtʃitʃ ɕɛ̃]
vómito (m)	wymiotowanie (n)	[vimɔtɔ'vane]
convulsiones (f)	drgawki (l.mn.)	['drgavki]

embarazada (adj)	ciężarna (ż)	[tʃɛ̃'ʒarna]
nacer (vi)	urodzić się	[u'rɔdʑitʃ ɕɛ̃]
parto (m)	poród (m)	['pɔrut]
dar a luz	rodzić	['rɔdʑitʃ]
aborto (m)	aborcja (ż)	[a'bɔrtsʲja]

respiración (f)	oddech (m)	['ɔddɛh]
inspiración (f)	wdech (m)	[vdɛh]
espiración (f)	wydech (m)	['vidɛh]
espirar (vi)	zrobić wydech	['zrɔbitʃ 'vidɛh]
inspirar (vi)	zrobić wdech	['zrɔbitʃ vdɛh]

inválido (m)	niepełnosprawny (m)	[nepɛwnɔsp'ravni]
mutilado (m)	kaleka (m, ż)	[ka'leka]
drogadicto (m)	narkoman (m)	[nar'kɔman]

sordo (adj)	niesłyszący, głuchy	[neswi'ʃɔ̃tsi], ['gwuhi]
mudo (adj)	niemy	['nemi]
sordomudo (adj)	głuchoniemy	[gwuhɔ'nemi]

loco (adj)	zwariowany	[zvarʲɔ'vani]
loco (m)	wariat (m)	['varʲjat]
loca (f)	wariatka (ż)	[varʲ'jatka]
volverse loco	stracić rozum	['stratʃitʃ rɔzum]

gen (m)	gen (m)	[gɛn]
inmunidad (f)	odporność (ż)	[ɔt'pɔrnɔɕtʃ]
hereditario (adj)	dziedziczny	[dʑe'dʑitʃni]
de nacimiento (adj)	wrodzony	[vrɔ'dzɔni]

virus (m)	wirus (m)	['virus]
microbio (m)	mikrob (m)	['mikrɔb]
bacteria (f)	bakteria (z)	[bak'tɛrʲja]
infección (f)	infekcja (z)	[in'fɛktsʰja]

66. Los síntomas. Los tratamientos. Unidad 3

| hospital (m) | szpital (m) | ['ʃpitaʎ] |
| paciente (m) | pacjent (m) | ['patsʰent] |

diagnosis (f)	diagnoza (z)	[dʰjag'nɔza]
cura (f)	leczenie (n)	[let'ʃɛne]
tratamiento (m)	leczenie (n)	[let'ʃɛne]
curarse (vr)	leczyć się	['letʃitʃ ɕɛ̃]
tratar (vt)	leczyć	['letʃitʃ]
cuidar (a un enfermo)	opiekować się	[ɔpe'kɔvatʃ ɕɛ̃]
cuidados (m pl)	opieka (z)	[ɔ'peka]

operación (f)	operacja (z)	[ɔpɛ'ratsʰja]
vendar (vt)	opatrzyć	[ɔ'patʃitʃ]
vendaje (m)	opatrunek (m)	[ɔpat'runɛk]

vacunación (f)	szczepionka (m)	[ʃtʃɛ'pɔŋka]
vacunar (vt)	szczepić	['ʃtʃɛpitʃ]
inyección (f)	zastrzyk (m)	['zastʃik]
aplicar una inyección	robić zastrzyk	['rɔbitʃ 'zastʃik]

amputación (f)	amputacja (z)	[ampu'tatsʰja]
amputar (vt)	amputować	[ampu'tɔvatʃ]
coma (m)	śpiączka (z)	[ɕpɔ̃tʃka]
estar en coma	być w śpiączce	[bitʃ f ɕpɔ̃tʃtse]
revitalización (f)	reanimacja (z)	[rɛani'matsʰja]

recuperarse (vr)	wracać do zdrowia	['vratsatʃ dɔ 'zdrɔvʲa]
estado (m) (de salud)	stan (m)	[stan]
consciencia (f)	przytomność (z)	[pʃi'tɔmnɔɕtʃ]
memoria (f)	pamięć (z)	['pamɛ̃tʃ]

extraer (un diente)	usuwać	[u'suvatʃ]
empaste (m)	plomba (z)	['plɔmba]
empastar (vt)	plombować	[plɔm'bɔvatʃ]

| hipnosis (f) | hipnoza (z) | [hip'nɔza] |
| hipnotizar (vt) | hipnotyzować | [hipnɔti'zɔvatʃ] |

67. La medicina. Las drogas. Los accesorios

medicamento (m), droga (f)	lekarstwo (n)	[le'karstfɔ]
remedio (m)	środek (m)	['ɕrɔdɛk]
prescribir (vt)	zapisać	[za'pisatʃ]
receta (f)	recepta (z)	[rɛ'tsɛpta]
tableta (f)	tabletka (z)	[tab'letka]

ungüento (m)	maść (ż)	[maɕʧ]
ampolla (f)	ampułka (ż)	[am'puwka]
mixtura (f), mezcla (f)	mikstura (ż)	[miks'tura]
sirope (m)	syrop (m)	['sɨrɔp]
píldora (f)	pigułka (ż)	[pi'guwka]
polvo (m)	proszek (m)	['prɔʃɛk]
venda (f)	bandaż (m)	['bandaʃ]
algodón (m) (discos de ~)	wata (ż)	['vata]
yodo (m)	jodyna (ż)	[ɟ'dɨna]
tirita (f), curita (f)	plaster (m)	['pʎaster]
pipeta (f)	zakraplacz (m)	[zak'rapʎaʧ]
termómetro (m)	termometr (m)	[tɛr'mɔmɛtr]
jeringa (f)	strzykawka (ż)	[sʧi'kafka]
silla (f) de ruedas	wózek (m) inwalidzki	['vɔzɛk inva'lidzki]
muletas (f pl)	kule (l.mn.)	['kule]
anestésico (m)	środek (m) przeciwbólowy	['ɕrɔdɛk pʃɛʧʃifbɔ'lɔvɨ]
purgante (m)	środek (m) przeczyszczający	['ɕrɔdɛk pʃɛʧɨʃʧaõtsi]
alcohol (m)	spirytus (m)	[spi'rɨtus]
hierba (f) medicinal	zioła (l.mn.) lecznicze	[ʑi'ɔla lɛʧ'niʧɛ]
de hierbas (té ~)	ziołowy	[ʒʒ'wɔvɨ]

71

EL APARTAMENTO

68. El apartamento

apartamento (m)	mieszkanie (n)	[meʃˈkane]
habitación (f)	pokój (m)	[ˈpɔkuj]
dormitorio (m)	sypialnia (ż)	[sɨˈpʲaʎɲa]
comedor (m)	jadalnia (ż)	[jaˈdaʎɲa]
salón (m)	salon (m)	[ˈsalɔn]
despacho (m)	gabinet (m)	[gaˈbinɛt]
antecámara (f)	przedpokój (m)	[pʃɛtˈpɔkuj]
cuarto (m) de baño	łazienka (ż)	[waˈʒeŋka]
servicio (m)	toaleta (ż)	[tɔaˈleta]
techo (m)	sufit (m)	[ˈsufit]
suelo (m)	podłoga (ż)	[pɔdˈwɔga]
rincón (m)	kąt (m)	[kɔ̃t]

69. Los muebles. El interior

muebles (m pl)	meble (l.mn.)	[ˈmɛble]
mesa (f)	stół (m)	[stɔw]
silla (f)	krzesło (n)	[ˈkʃɛswɔ]
cama (f)	łóżko (n)	[ˈwuʃkɔ]
sofá (m)	kanapa (ż)	[kaˈnapa]
sillón (m)	fotel (m)	[ˈfɔtɛʎ]
librería (f)	biblioteczka (ż)	[bibʎjɔˈtɛʧka]
estante (m)	półka (ż)	[ˈpuwka]
armario (m)	szafa (ż) ubraniowa	[ˈʃafa ubraˈnɔva]
percha (f)	wieszak (m)	[ˈveʃak]
perchero (m) de pie	wieszak (m)	[ˈveʃak]
cómoda (f)	komoda (ż)	[kɔˈmɔda]
mesa (f) de café	stolik (m) kawowy	[ˈstɔlik kaˈvɔvi]
espejo (m)	lustro (n)	[ˈlystrɔ]
tapiz (m)	dywan (m)	[ˈdɨvan]
alfombra (f)	dywanik (m)	[dɨˈvanik]
chimenea (f)	kominek (m)	[kɔˈminɛk]
candela (f)	świeca (ż)	[ˈɕfetsa]
candelero (m)	świecznik (m)	[ˈɕfetʃnik]
cortinas (f pl)	zasłony (l.mn.)	[zasˈwɔnɨ]
empapelado (m)	tapety (l.mn.)	[taˈpɛti]

estor (m) de láminas	żaluzje (l.mn.)	[ʒa'lyzʰe]
lámpara (f) de mesa	lampka (ż) na stół	['ʎampka na stɔw]
candil (m)	lampka (ż)	['ʎampka]
lámpara (f) de pie	lampa (ż) stojąca	['ʎampa stɔ̃'tsa]
lámpara (f) de araña	żyrandol (m)	[ʒɨ'randɔʎ]

pata (f) (~ de la mesa)	noga (ż)	['nɔga]
brazo (m)	poręcz (ż)	['pɔrɛ̃tʃ]
espaldar (m)	oparcie (n)	[ɔ'partʃe]
cajón (m)	szuflada (ż)	[ʃuf'ʎada]

70. Los accesorios de la cama

ropa (f) de cama	pościel (ż)	['pɔɕtʃeʎ]
almohada (f)	poduszka (ż)	[pɔ'duʃka]
funda (f)	poszewka (ż)	[pɔ'ʃɛfka]
manta (f)	kołdra (ż)	['kɔwdra]
sábana (f)	prześcieradło (n)	[pʃɛɕtʃe'radwɔ]
sobrecama (f)	narzuta (ż)	[na'ʒuta]

71. La cocina

cocina (f)	kuchnia (ż)	['kuhɲa]
gas (m)	gaz (m)	[gas]
cocina (f) de gas	kuchenka (ż) gazowa	[ku'hɛŋka ga'zɔva]
cocina (f) eléctrica	kuchenka (ż) elektryczna	[ku'hɛŋka ɛlekt'ritʃna]
horno (m)	piekarnik (m)	[pe'karnik]
horno (m) microondas	mikrofalówka (ż)	[mikrɔfa'lyfka]

frigorífico (m)	lodówka (ż)	[lɔ'dufka]
congelador (m)	zamrażarka (ż)	[zamra'ʒarka]
lavavajillas (m)	zmywarka (ż) do naczyń	[zmɨ'varka dɔ 'natʃiɲ]

picadora (f) de carne	maszynka (ż) do mięsa	[ma'ʃiŋka dɔ 'mensa]
exprimidor (m)	sokowirówka (ż)	[sɔkɔvi'rufka]
tostador (m)	toster (m)	['tɔstɛr]
batidora (f)	mikser (m)	['miksɛr]
cafetera (f) (aparato de cocina)	ekspres (m) do kawy	['ɛksprɛs dɔ 'kavi]
cafetera (f) (para servir)	dzbanek (m) do kawy	['dzbanɛk dɔ 'kavi]
molinillo (m) de café	młynek (m) do kawy	['mwinɛk dɔ 'kavi]

hervidor (m) de agua	czajnik (m)	['tʃajnik]
tetera (f)	czajniczek (m)	[tʃaj'nitʃɛk]
tapa (f)	pokrywka (ż)	[pɔk'rifka]
colador (m) de té	sitko (n)	['ɕitkɔ]

cuchara (f)	łyżka (ż)	['wiʃka]
cucharilla (f)	łyżeczka (ż)	[wɨ'ʒɛtʃka]
cuchara (f) de sopa	łyżka (ż) stołowa	['wiʃka stɔ'wɔva]
tenedor (m)	widelec (m)	[vi'dɛlets]
cuchillo (m)	nóż (m)	[nuʃ]

73

vajilla (f)	naczynia (l.mn.)	[nat'ʃɨna]
plato (m)	talerz (m)	['taleʃ]
platillo (m)	spodek (m)	['spodɛk]

vaso (m) de chupito	kieliszek (m)	[ke'liʃɛk]
vaso (m) (~ de agua)	szklanka (ż)	['ʃkʎaŋka]
taza (f)	filiżanka (ż)	[fili'ʒaŋka]

azucarera (f)	cukiernica (ż)	[ʦuker'niʦa]
salero (m)	solniczka (ż)	[sɔʎ'niʧka]
pimentero (m)	pieprzniczka (ż)	[pepʃ'niʧka]
mantequera (f)	maselniczka (ż)	[masɛʎ'niʧka]

cacerola (f)	garnek (m)	['garnɛk]
sartén (f)	patelnia (ż)	[pa'tɛʎɲa]
cucharón (m)	łyżka (ż) wazowa	['wɨʃka va'zɔva]
colador (m)	durszlak (m)	['durʃʎak]
bandeja (f)	taca (ż)	['taʦa]

botella (f)	butelka (ż)	[bu'tɛʎka]
tarro (m) de vidrio	słoik (m)	['swɔik]
lata (f) de hojalata	puszka (ż)	['puʃka]

abrebotellas (m)	otwieracz (m) do butelek	[ɔt'feraʧ dɛ bu'tɛlek]
abrelatas (m)	otwieracz (m) do puszek	[ɔt'feraʧ dɛ 'puʃɛk]
sacacorchos (m)	korkociąg (m)	[kɔr'kɔʧɔ̃k]
filtro (m)	filtr (m)	[fiʎtr]
filtrar (vt)	filtrować	[fiʎt'rɔvaʧ]

| basura (f) | odpadki (l.mn.) | [ɔt'patki] |
| cubo (m) de basura | kosz (m) na śmieci | [kɔʃ na 'ɕmeʧi] |

72. El baño

cuarto (m) de baño	łazienka (ż)	[wa'ʒeŋka]
agua (f)	woda (ż)	['vɔda]
grifo (m)	kran (m)	[kran]
agua (f) caliente	gorąca woda (ż)	[gɔ'rɔ̃ʦa 'vɔda]
agua (f) fría	zimna woda (ż)	['ʒimna 'vɔda]

| pasta (f) de dientes | pasta (ż) do zębów | ['pasta dɔ 'zɛ̃buf] |
| limpiarse los dientes | myć zęby | [mɨʧ 'zɛ̃bɨ] |

afeitarse (vr)	golić się	['gɔliʧ ɕɛ̃]
espuma (f) de afeitar	pianka (ż) do golenia	['pʲaŋka dɔ gɔ'leɲa]
maquinilla (f) de afeitar	maszynka (ż) do golenia	[ma'ʃɨŋka dɔ gɔ'leɲa]

lavar (vt)	myć	[mɨʧ]
darse un baño	myć się	['mɨʧ ɕɛ̃]
ducha (f)	prysznic (m)	['prɨʃɲiʦ]
darse una ducha	brać prysznic	[braʧ 'prɨʃɲiʦ]

| baño (m) | wanna (ż) | ['vana] |
| inodoro (m) | sedes (m) | ['sɛdɛs] |

lavabo (m)	zlew (m)	[zlef]
jabón (m)	mydło (n)	['mɨdwɔ]
jabonera (f)	mydelniczka (ż)	[mɨdɛʎ'niʧka]

esponja (f)	gąbka (ż)	['gõpka]
champú (m)	szampon (m)	['ʃampɔn]
toalla (f)	ręcznik (m)	['rɛnʧnik]
bata (f) de baño	szlafrok (m)	['ʃʎafrɔk]

colada (f), lavado (m)	pranie (n)	['prane]
lavadora (f)	pralka (ż)	['praʎka]
lavar la ropa	prać	[praʧ]
detergente (m) en polvo	proszek (m) do prania	['prɔʃɛk dɔ 'praɲa]

73. Los aparatos domésticos

televisor (m)	telewizor (m)	[tɛle'vizɔr]
magnetófono (m)	magnetofon (m)	[magnɛ'tɔfɔn]
vídeo (m)	magnetowid (m)	[magnɛ'tɔvid]
radio (f)	odbiornik (m)	[ɔd'bɜrnik]
reproductor (m) (~ MP3)	odtwarzacz (m)	[ɔtt'vaʒaʧ]

proyector (m) de vídeo	projektor (m) wideo	[prɔ'ektɔr vi'dɛɔ]
sistema (m) home cinema	kino (n) domowe	['kinɔ dɔ'mɔvɛ]
reproductor (m) de DVD	odtwarzacz DVD (m)	[ɔtt'vaʒaʧ di vi di]
amplificador (m)	wzmacniacz (m)	['vzmatsɲaʧ]
videoconsola (f)	konsola (ż) do gier	[kɔn'sɔʎa dɔ ger]

cámara (f) de vídeo	kamera (ż) wideo	[ka'mɛra vi'dɛɔ]
cámara (f) fotográfica	aparat (m) fotograficzny	[a'parat fɔtɔgra'fiʧɲi]
cámara (f) digital	aparat (m) cyfrowy	[a'parat tsɨf'rɔvɨ]

aspirador (m)	odkurzacz (m)	[ɔt'kuʒaʧ]
plancha (f)	żelazko (n)	[ʒɛ'ʎaskɔ]
tabla (f) de planchar	deska (ż) do prasowania	['dɛska dɔ prasɔ'vaɲa]

teléfono (m)	telefon (m)	[tɛ'lefɔn]
teléfono (m) móvil	telefon (m) komórkowy	[tɛ'lefɔn kɔmur'kɔvɨ]
máquina (f) de escribir	maszyna (ż) do pisania	[ma'ʃina dɔ pi'saɲa]
máquina (f) de coser	maszyna (ż) do szycia	[ma'ʃina dɔ 'ʃiʧa]

micrófono (m)	mikrofon (m)	[mik'rɔfɔn]
auriculares (m pl)	słuchawki (l.mn.)	[swu'hafki]
mando (m) a distancia	pilot (m)	['pilɜt]

CD (m)	płyta CD (ż)	['pwɨta si'di]
casete (m)	kaseta (ż)	[ka'sɛta]
disco (m) de vinilo	płyta (ż)	['pwɨta]

LA TIERRA. EL TIEMPO

74. El espacio

cosmos (m)	kosmos (m)	['kɔsmɔs]
espacial, cósmico (adj)	kosmiczny	[kɔs'mitʃnɨ]
espacio (m) cósmico	przestrzeń (ż) kosmiczna	['pʃɛstʃɛɲ kɔs'mitʃna]
mundo (m)	świat (m)	[ɕfʲat]
universo (m)	wszechświat (m)	['fʃɛhɕfʲat]
galaxia (f)	galaktyka (ż)	[ga'ʎaktɨka]
estrella (f)	gwiazda (ż)	['gvʲazda]
constelación (f)	gwiazdozbiór (m)	[gvʲaz'dɔzbyr]
planeta (m)	planeta (ż)	[pʎa'nɛta]
satélite (m)	satelita (m)	[satɛ'lita]
meteorito (m)	meteoryt (m)	[mɛtɛ'ɔrit]
cometa (f)	kometa (ż)	[kɔ'mɛta]
asteroide (m)	asteroida (ż)	[astɛrɔ'ida]
órbita (f)	orbita (ż)	[ɔr'bita]
girar (vi)	obracać się	[ɔb'ratsatʃ ɕɛ̃]
atmósfera (f)	atmosfera (ż)	[atmɔs'fɛra]
Sol (m)	Słońce (n)	['swɔɲtsɛ]
Sistema (m) Solar	Układ (m) Słoneczny	['ukwad swɔ'nɛtʃnɨ]
eclipse (m) de Sol	zaćmienie (n) słońca	[zatʃ'mene 'swɔɲtsa]
Tierra (f)	Ziemia (ż)	['ʒemʲa]
Luna (f)	Księżyc (m)	['kɕenʒɨts]
Marte (m)	Mars (m)	[mars]
Venus (f)	Wenus (ż)	['vɛnus]
Júpiter (m)	Jowisz (m)	[ɟviʃ]
Saturno (m)	Saturn (m)	['saturn]
Mercurio (m)	Merkury (m)	[mɛr'kuri]
Urano (m)	Uran (m)	['uran]
Neptuno (m)	Neptun (m)	['nɛptun]
Plutón (m)	Pluton (m)	['plytɔn]
la Vía Láctea	Droga (ż) Mleczna	['drɔga 'mletʃna]
la Osa Mayor	Wielki Wóz (m)	['veʎki vus]
la Estrella Polar	Gwiazda (ż) Polarna	['gvʲazda pɔ'ʎarna]
marciano (m)	Marsjanin (m)	[marsʰ'janin]
extraterrestre (m)	kosmita (m)	[kɔs'mita]
planetícola (m)	obcy (m)	['ɔbtsɨ]

platillo (m) volante	talerz (m) latający	['taleʃ ʎataõtsɨ]
nave (f) espacial	statek (m) kosmiczny	['statɛk kɔs'miʧnɨ]
estación (f) orbital	stacja (z) kosmiczna	['statsʰja kɔs'miʧna]
despegue (m)	start (m)	[start]
motor (m)	silnik (m)	['ɕiʎnik]
tobera (f)	dysza (z)	['dɨʃa]
combustible (m)	paliwo (n)	[pa'livɔ]
carlinga (f)	kabina (z)	[ka'bina]
antena (f)	antena (z)	[an'tɛna]
ventana (f)	iluminator (m)	[ilymi'natɔr]
batería (f) solar	bateria (z) słoneczna	[ba'tɛrʰja swɔ'nɛʧna]
escafandra (f)	skafander (m)	[ska'fandɛr]
ingravidez (f)	nieważkość (z)	[ne'vaʃkɔɕʧ]
oxígeno (m)	tlen (m)	[tlen]
atraque (m)	połączenie (n)	[pɔwõt'ʃɛne]
realizar el atraque	łączyć się	['wõʧiʧ ɕɛ̃]
observatorio (m)	obserwatorium (n)	[ɔbsɛrva'tɔrʰjum]
telescopio (m)	teleskop (m)	[tɛ'leskɔp]
observar (vt)	obserwować	[ɔbsɛr'vɔvaʧ]
explorar (~ el universo)	badać	['badaʧ]

75. La tierra

Tierra (f)	Ziemia (z)	['ʒemʲa]
globo (m) terrestre	kula (z) ziemska	['kuʎa 'ʒemska]
planeta (m)	planeta (z)	[pʎa'nɛta]
atmósfera (f)	atmosfera (z)	[atmɔs'fɛra]
geografía (f)	geografia (z)	[gɛɔg'rafʰja]
naturaleza (f)	przyroda (z)	[pʃɨ'rɔda]
globo (m) terráqueo	globus (m)	['glɔbus]
mapa (m)	mapa (z)	['mapa]
atlas (m)	atlas (m)	['atʎas]
Europa (f)	Europa (z)	[ɛu'rɔpa]
Asia (f)	Azja (z)	['azʰja]
África (f)	Afryka (z)	['afrika]
Australia (f)	Australia (z)	[aust'raʎja]
América (f)	Ameryka (z)	[a'mɛrika]
América (f) del Norte	Ameryka (z) Północna	[a'mɛrika puw'nɔtsna]
América (f) del Sur	Ameryka (z) Południowa	[a'mɛrika pɔwud'nɔva]
Antártida (f)	Antarktyda (z)	[antark'tɨda]
Ártico (m)	Arktyka (z)	['arktika]

76. Los puntos cardinales

norte (m)	północ (ż)	['puwnɔts]
al norte	na północ	[na 'puwnɔts]
en el norte	na północy	[na puw'nɔtsi]
del norte (adj)	północny	[puw'nɔtsni]

sur (m)	południe (n)	[pɔ'wudne]
al sur	na południe	[na pɔ'wudne]
en el sur	na południu	[na pɔ'wudny]
del sur (adj)	południowy	[pɔwud'nɜvi]

oeste (m)	zachód (m)	['zahut]
al oeste	na zachód	[na 'zahut]
en el oeste	na zachodzie	[na za'hɔdʒe]
del oeste (adj)	zachodni	[za'hɔdni]

este (m)	wschód (m)	[fshut]
al este	na wschód	['na fshut]
en el este	na wschodzie	[na 'fshɔdʒe]
del este (adj)	wschodni	['fshɔdni]

77. El mar. El océano

mar (m)	morze (n)	['mɔʒɛ]
océano (m)	ocean (m)	[ɔ'tsɛan]
golfo (m)	zatoka (ż)	[za'tɔka]
estrecho (m)	cieśnina (ż)	[ʨeɕ'nina]

tierra (f) firme	ląd (m)	[lɔ̃t]
continente (m)	kontynent (m)	[kɔn'tinɛnt]
isla (f)	wyspa (ż)	['vispa]
península (f)	półwysep (m)	[puw'visɛp]
archipiélago (m)	archipelag (m)	[arhi'pɛʎak]

bahía (f)	zatoka (ż)	[za'tɔka]
puerto (m)	port (m)	[pɔrt]
laguna (f)	laguna (ż)	[ʎa'guna]
cabo (m)	przylądek (m)	[pʃilɔ̃dɛk]

atolón (m)	atol (m)	['atɔʎ]
arrecife (m)	rafa (ż)	['rafa]
coral (m)	koral (m)	['kɔral]
arrecife (m) de coral	rafa (ż) koralowa	['rafa kɔra'lɜva]

profundo (adj)	głęboki	[gwɛ̃'bɔki]
profundidad (f)	głębokość (ż)	[gwɛ̃'bɔkɔɕʧ]
abismo (m)	otchłań (ż)	['ɔthwaɲ]
fosa (f) oceánica	rów (m)	[ruf]

corriente (f)	prąd (m)	[prɔ̃t]
bañar (rodear)	omywać	[ɔ'mivaʧ]
orilla (f)	brzeg (m)	[bʒɛk]

costa (f)	wybrzeże (n)	[vib'ʒɛʒe]
flujo (m)	przypływ (m)	['pʃipwɨf]
reflujo (m)	odpływ (m)	['ɔtpwɨf]
banco (m) de arena	mielizna (ż)	[me'lizna]
fondo (m)	dno (n)	[dnɔ]

ola (f)	fala (ż)	['faʎa]
cresta (f) de la ola	grzywa (ż) fali	['gʒɨva 'fali]
espuma (f)	piana (ż)	['pʲana]

tempestad (f)	burza (ż)	['buʒa]
huracán (m)	huragan (m)	[hu'ragan]
tsunami (m)	tsunami (n)	[ʦu'nami]
bonanza (f)	cisza (ż) morska	['ʧiʃa 'mɔrska]
calmo, tranquilo	spokojny	[spɔ'kɔjnɨ]

| polo (m) | biegun (m) | ['begun] |
| polar (adj) | polarny | [pɔ'ʎarnɨ] |

latitud (f)	szerokość (ż)	[ʃɛ'rɔkɔɕʧ]
longitud (f)	długość (ż)	['dwugɔɕʧ]
paralelo (m)	równoleżnik (m)	[ruvnɔ'leʒnik]
ecuador (m)	równik (m)	['ruvnik]

cielo (m)	niebo (n)	['nebɔ]
horizonte (m)	horyzont (m)	[hɔ'rizɔnt]
aire (m)	powietrze (n)	[pɔ'vetʃɛ]

faro (m)	latarnia (ż) morska	[ʎa'tarɲa 'mɔrska]
bucear (vi)	nurkować	[nur'kɔvaʧ]
hundirse (vr)	zatonąć	[za'tɔɔɲʧ]
tesoros (m pl)	skarby (l.mn.)	['skarbɨ]

78. Los nombres de los mares y los océanos

océano (m) Atlántico	Ocean (m) Atlantycki	[ɔ'ʦɛan atlan'titski]
océano (m) Índico	Ocean (m) Indyjski	[ɔ'ʦɛan in'dijski]
océano (m) Pacífico	Ocean (m) Spokojny	[ɔ'ʦɛan spɔ'kɔjnɨ]
océano (m) Glacial Ártico	Ocean (m) Lodowaty Północny	[ɔ'ʦɛan lɔdɔ'vatɨ puw'nɔtsnɨ]

mar (m) Negro	Morze (n) Czarne	['mɔʒɛ 'ʧarnɛ]
mar (m) Rojo	Morze (n) Czerwone	['mɔʒɛ ʧɛr'vɔnɛ]
mar (m) Amarillo	Morze (n) Żółte	['mɔʒɛ 'ʒuwtɛ]
mar (m) Blanco	Morze (n) Białe	['mɔʒɛ 'bʲawɛ]

mar (m) Caspio	Morze (n) Kaspijskie	['mɔʒɛ kas'pijske]
mar (m) Muerto	Morze (n) Martwe	['mɔʒɛ 'martfɛ]
mar (m) Mediterráneo	Morze (n) Śródziemne	['mɔʒɛ ɕry'dʑemnɛ]

mar (m) Egeo	Morze (n) Egejskie	['mɔʒɛ ɛ'gejske]
mar (m) Adriático	Morze (n) Adriatyckie	['mɔʒɛ adrʲja'titske]
mar (m) Arábigo	Morze (n) Arabskie	['mɔʒɛ a'rabske]
mar (m) del Japón	Morze (n) Japońskie	['mɔʒɛ ja'pɔɲske]

| mar (m) de Bering | Morze (n) Beringa | ['mɔʒɛ bɛ'riŋa] |
| mar (m) de la China Meridional | Morze (n) Południowochińskie | ['mɔʒɛ pɔwud'nɜvɔ 'hiɲske] |

mar (m) del Coral	Morze (n) Koralowe	['mɔʒɛ kɔra'lɜvɛ]
mar (m) de Tasmania	Morze (n) Tasmana	['mɔʒɛ tas'mana]
mar (m) Caribe	Morze (n) Karaibskie	['mɔʒɛ kara'ipske]

| mar (m) de Barents | Morze (n) Barentsa | ['mɔʒɛ ba'rɛntsa] |
| mar (m) de Kara | Morze (n) Karskie | ['mɔʒɛ 'karske] |

mar (m) del Norte	Morze (n) Północne	['mɔʒɛ puw'nɔtsnɛ]
mar (m) Báltico	Morze (n) Bałtyckie	['mɔʒɛ baw'tiɬske]
mar (m) de Noruega	Morze (n) Norweskie	['mɔʒɛ nɔr'vɛske]

79. Las montañas

montaña (f)	góra (ż)	['gura]
cadena (f) de montañas	łańcuch (m) górski	['waɲtsuh 'gurski]
cresta (f) de montañas	grzbiet (m) górski	[gʒbet 'gurski]

cima (f)	szczyt (m)	[ʃʧit]
pico (m)	szczyt (m)	[ʃʧit]
pie (m)	podnóże (n)	[pɔd'nuʒɛ]
cuesta (f)	zbocze (n)	['zbɔʧɛ]

volcán (m)	wulkan (m)	['vuʎkan]
volcán (m) activo	czynny (m) wulkan	['ʧiɲɨ 'vuʎkan]
volcán (m) apagado	wygasły (m) wulkan	[vɨ'gaswɨ 'vuʎkan]

erupción (f)	wybuch (m)	['vɨbuh]
cráter (m)	krater (m)	['kratɛr]
magma (f)	magma (ż)	['magma]
lava (f)	lawa (ż)	['ʎava]
fundido (lava ~a)	rozżarzony	[rɔzʒa'ʒɔnɨ]

cañón (m)	kanion (m)	['kaɲjɔn]
desfiladero (m)	wąwóz (m)	['võvus]
grieta (f)	rozpadlina (m)	[rɔspad'lina]

puerto (m) (paso)	przełęcz (ż)	['pʃɛwɛ̃ʧ]
meseta (f)	płaskowyż (m)	[pwas'kɔvɨʃ]
roca (f)	skała (ż)	['skawa]
colina (f)	wzgórze (ż)	['vzguʒɛ]

glaciar (m)	lodowiec (m)	[lɔ'dɔvets]
cascada (f)	wodospad (m)	[vɔ'dɔspat]
geiser (m)	gejzer (m)	['gɛjzɛr]
lago (m)	jezioro (m)	[e'ʒɜrɔ]

llanura (f)	równina (ż)	[ruv'nina]
paisaje (m)	pejzaż (m)	['pɛjzaʃ]
eco (m)	echo (n)	['ɛhɔ]
alpinista (m)	alpinista (m)	[aʎpi'nista]

escalador (m)	wspinacz (m)	['fspinatʃ]
conquistar (vt)	pokonywać	[pɔkɔ'nivatʃ]
ascensión (f)	wspinaczka (ż)	[fspi'natʃka]

80. Los nombres de las montañas

Alpes (m pl)	Alpy (l.mn.)	['aʎpɨ]
Montblanc (m)	Mont Blanc (m)	[mɔn blan]
Pirineos (m pl)	Pireneje (l.mn.)	[pirɛ'nɛe]

Cárpatos (m pl)	Karpaty (l.mn.)	[kar'patɨ]
Urales (m pl)	Góry Uralskie (l.mn.)	['gurɨ u'raʎske]
Cáucaso (m)	Kaukaz (m)	['kaukas]
Elbrus (m)	Elbrus (m)	['ɛʎbrus]

Altai (m)	Ałtaj (m)	['awtaj]
Pamir (m)	Pamir (m)	['pamir]
Himalayos (m pl)	Himalaje (l.mn.)	[hima'lae]
Everest (m)	Mont Everest (m)	[mɔnt ɛ'vɛrɛst]

| Andes (m pl) | Andy (l.mn.) | ['andɨ] |
| Kilimanjaro (m) | Kilimandżaro (ż) | [kiliman'dʒarɔ] |

81. Los ríos

río (m)	rzeka (m)	['ʒɛka]
manantial (m)	źródło (n)	['zʲrudwɔ]
lecho (m) (curso de agua)	koryto (n)	[kɔ'ritɔ]
cuenca (f) fluvial	dorzecze (n)	[dɔ'ʒɛtʃɛ]
desembocar en …	wpadać	['fpadatʃ]

| afluente (m) | dopływ (m) | ['dɔpwɨf] |
| ribera (f) | brzeg (m) | [bʒɛk] |

corriente (f)	prąd (m)	[prɔ̃t]
río abajo (adv)	z prądem	[s 'prɔ̃dɛm]
río arriba (adv)	pod prąd	[pɔt prɔ̃t]

inundación (f)	powódź (ż)	['pɔvutʃ]
riada (f)	wylew (m) rzeki	['vɨlɛf 'ʒɛki]
desbordarse (vr)	rozlewać się	[rɔz'levatʃ ɕɛ̃]
inundar (vt)	zatapiać	[za'tapʲatʃ]

| bajo (m) arenoso | mielizna (ż) | [me'lizna] |
| rápido (m) | próg (m) | [pruk] |

presa (f)	tama (ż)	['tama]
canal (m)	kanał (m)	['kanaw]
lago (m) artificiale	zbiornik (m) wodny	['zbɔrnik 'vɔdnɨ]
esclusa (ż)	śluza (ż)	['ɕlyza]
cuerpo (m) de agua	zbiornik (m) wodny	['zbɔrnik 'vɔdnɨ]
pantano (m)	bagno (n)	['bagnɔ]

| ciénaga (m) | grzęzawisko (n) | [gʒɛ̃za'viskɔ] |
| remolino (m) | wir (m) wodny | [vir 'vɔdnɨ] |

arroyo (m)	potok (m)	['pɔtɔk]
potable (adj)	pitny	['pitnɨ]
dulce (agua ~)	słodki	['swɔtki]

| hielo (m) | lód (m) | [lyt] |
| helarse (el lago, etc.) | zamarznąć | [za'marznɔ̃ʧ] |

82. Los nombres de los ríos

| Sena (m) | Sekwana (ż) | [sɛk'fana] |
| Loira (m) | Loara (ż) | [lɔ'ara] |

Támesis (m)	Tamiza (ż)	[ta'miza]
Rin (m)	Ren (m)	[rɛn]
Danubio (m)	Dunaj (m)	['dunaj]

Volga (m)	Wołga (ż)	['vɔwga]
Don (m)	Don (m)	[dɔn]
Lena (m)	Lena (ż)	['lena]

Río (m) Amarillo	Huang He (ż)	[hu'aŋ hɛ]
Río (m) Azul	Jangcy (ż)	['jaŋʦi]
Mekong (m)	Mekong (m)	['mɛkɔŋ]
Ganges (m)	Ganges (m)	['gaŋɛs]

Nilo (m)	Nil (m)	[niʎ]
Congo (m)	Kongo (ż)	['kɔŋɔ]
Okavango (m)	Okavango (ż)	[ɔka'vaŋɔ]
Zambeze (m)	Zambezi (ż)	[zam'bɛzi]
Limpopo (m)	Limpopo (ż)	[lim'pɔpɔ]
Misisipí (m)	Mississipi (ż)	[missis'sipi]

83. El bosque

| bosque (m) | las (m) | [ʎas] |
| de bosque (adj) | leśny | ['leɕnɨ] |

espesura (f)	gąszcz (ż)	[gɔ̃ʃʧ]
bosquecillo (m)	gaj (m), lasek (m)	[gaj], ['ʎasɛk]
claro (m)	polana (ż)	[pɔ'ʎana]

| maleza (f) | zarośla (l.mn.) | [za'rɔɕʎa] |
| matorral (m) | krzaki (l.mn.) | ['kʃaki] |

| senda (f) | ścieżka (ż) | ['ɕʨeʃka] |
| barranco (m) | wąwóz (m) | ['vɔ̃vus] |

| árbol (m) | drzewo (n) | ['dʒɛvɔ] |
| hoja (f) | liść (m) | [liɕʧ] |

follaje (m)	listowie (n)	[lis'tɔve]
caída (f) de hojas	opadanie (n) liści	[ɔpa'dane 'liɕtɕi]
caer (las hojas)	opadać	[ɔ'padatɕ]
cima (f)	wierzchołek (m)	[veʃ'hɔwɛk]
rama (f)	gałąź (ż)	['gawɔ̃ɕ]
rama (f) (gruesa)	sęk (m)	[sɛ̃k]
brote (m)	pączek (m)	['pɔ̃tʃɛk]
aguja (f)	igła (ż)	['igwa]
piña (f)	szyszka (ż)	['ʃiʃka]
agujero (m)	dziupla (ż)	['dʒypʎa]
nido (m)	gniazdo (n)	['gɲazdɔ]
madriguera (f)	nora (ż)	['nɔra]
tronco (m)	pień (m)	[peɲ]
raíz (f)	korzeń (m)	['kɔʒɛɲ]
corteza (f)	kora (ż)	['kɔra]
musgo (m)	mech (m)	[mɛh]
extirpar (vt)	karczować	[kart'ʃɔvatʃ]
talar (vt)	ścinać	['ɕtʃinatʃ]
deforestar (vt)	wycinać	[vɨ'tʃinatʃ]
tocón (m)	pieniek (m)	['penek]
hoguera (f)	ognisko (n)	[ɔg'niskɔ]
incendio (m)	pożar (m)	['pɔʒar]
apagar (~ el incendio)	gasić	['gaɕitʃ]
guarda (m) forestal	leśnik (m)	['leɕnik]
protección (f)	ochrona (ż)	[ɔh'rɔna]
proteger (vt)	chronić	['hrɔnitʃ]
cazador (m) furtivo	kłusownik (m)	[kwu'sɔvnik]
cepo (m)	potrzask (m)	['pɔtʃask]
recoger (setas, bayas)	zbierać	['zberatʃ]
perderse (vr)	zabłądzić	[zab'wɔ̃dʒitʃ]

84. Los recursos naturales

recursos (m pl) naturales	zasoby (l.mn.) naturalne	[za'sɔbɨ natu'raʎnɛ]
minerales (m pl)	kopaliny (l.mn.) użyteczne	[kɔpa'linɨ uʒɨ'tɛtʃnɛ]
depósitos (m pl)	złoża (l.mn.)	['zwɔʒa]
yacimiento (m)	złoże (n)	['zwɔʒɛ]
extraer (vt)	wydobywać	[vɨdɔ'bɨvatʃ]
extracción (f)	wydobywanie (n)	[vɨdɔbɨ'vane]
mineral (m)	ruda (ż)	['ruda]
mina (f)	kopalnia (ż) rudy	[kɔ'paʎɲa 'rudɨ]
pozo (m) de mina	szyb (m)	[ʃɨb]
minero (m)	górnik (m)	['gurnik]
gas (m)	gaz (m)	[gas]
gasoducto (m)	gazociąg (m)	[ga'zɔtʃɔ̃k]

petróleo (m)	ropa (ż) naftowa	['rɔpa naftɔva]
oleoducto (m)	rurociąg (m)	[ru'rɔtʃɔ̃k]
torre (f) petrolera	szyb (m) naftowy	[ʃip naftɔvi]
torre (f) de sondeo	wieża (ż) wiertnicza	['veʒa vert'nitʃa]
petrolero (m)	tankowiec (m)	[ta'ŋkɔvets]

arena (f)	piasek (m)	['pʲasɛk]
caliza (f)	wapień (m)	['vapeɲ]
grava (f)	żwir (m)	[ʒvir]
turba (f)	torf (m)	[tɔrf]
arcilla (f)	glina (ż)	['glina]
carbón (m)	węgiel (m)	['vɛŋeʎ]

hierro (m)	żelazo (n)	[ʒɛ'ʎazɔ]
oro (m)	złoto (n)	['zwɔtɔ]
plata (f)	srebro (n)	['srɛbrɔ]
níquel (m)	nikiel (n)	['nikeʎ]
cobre (m)	miedź (ż)	[metʃ]

zinc (m)	cynk (m)	[tsiŋk]
manganeso (m)	mangan (m)	['maŋan]
mercurio (m)	rtęć (ż)	[rtɛ̃tʃ]
plomo (m)	ołów (m)	['ɔwuf]

mineral (m)	minerał (m)	[mi'nɛraw]
cristal (m)	kryształ (m)	['kriʃtaw]
mármol (m)	marmur (m)	['marmur]
uranio (m)	uran (m)	['uran]

85. El tiempo

tiempo (m)	pogoda (ż)	[pɔ'gɔda]
previsión (m) del tiempo	prognoza (ż) pogody	[prɔg'nɔza pɔ'gɔdi]
temperatura (f)	temperatura (ż)	[tɛmpɛra'tura]
termómetro (m)	termometr (m)	[tɛr'mɔmɛtr]
barómetro (m)	barometr (m)	[ba'rɔmɛtr]

humedad (f)	wilgoć (ż)	['viʎgɔtʃ]
bochorno (m)	żar (m)	[ʒar]
tórrido (adj)	upalny, gorący	[u'paʎni], [gɔ'rɔ̃tsi]
hace mucho calor	gorąco	[gɔ'rɔ̃tsɔ]

| hace calor (templado) | ciepło | ['tʃepwɔ] |
| templado (adj) | ciepły | ['tʃepwi] |

| hace frío | zimno | ['ʒimnɔ] |
| frío (adj) | zimny | ['ʒimni] |

sol (m)	słońce (n)	['swɔɲtsɛ]
brillar (vi)	świecić	['ɕfetʃitʃ]
soleado (un día ~)	słoneczny	[swɔ'nɛtʃni]
elevarse (el sol)	wzejść	[vzɛjɕtʃ]
ponerse (vr)	zajść	[zajɕtʃ]
nube (f)	obłok (m)	['ɔbwɔk]

nuboso (adj)	zachmurzony	[zahmu'ʒɔnɨ]
nubarrón (m)	chmura (ż)	['hmura]
nublado (adj)	pochmurny	[pɔh'murnɨ]

lluvia (f)	deszcz (m)	[dɛʃʧ]
está lloviendo	pada deszcz	['pada dɛʃʧ]
lluvioso (adj)	deszczowy	[dɛʃt'ʃɔvɨ]
lloviznar (vi)	mżyć	[mʒɨʧ]

aguacero (m)	ulewny deszcz (m)	[u'levnɨ dɛʃʧ]
chaparrón (m)	ulewa (ż)	[u'leva]
fuerte (la lluvia ~)	silny	['ɕiʎnɨ]
charco (m)	kałuża (ż)	[ka'wuʒa]
mojarse (vr)	moknąć	['mɔknɔ̃ʧ]

niebla (f)	mgła (ż)	[mgwa]
nebuloso (adj)	mglisty	['mglistɨ]
nieve (f)	śnieg (m)	[ɕnek]
está nevando	pada śnieg	['pada ɕnek]

86. Los eventos climáticos severos. Los desastres naturales

tormenta (f)	burza (ż)	['buʒa]
relámpago (m)	błyskawica (ż)	[bwɨska'viʦa]
relampaguear (vi)	błyskać	['bwɨskaʧ]

trueno (m)	grzmot (m)	[gʒmɔt]
tronar (vi)	grzmieć	[gʒmeʧ]
está tronando	grzmi	[gʒmi]

| granizo (m) | grad (m) | [grat] |
| está granizando | pada grad | ['pada grat] |

| inundar (vt) | zatopić | [za'tɔpiʧ] |
| inundación (f) | powódź (ż) | ['pɔvuʧ] |

terremoto (m)	trzęsienie (n) ziemi	[ʧɛ̃'ɕene 'ʒemi]
sacudida (f)	wstrząs (m)	[fstʃɔ̃s]
epicentro (m)	epicentrum (n)	[ɛpi'ʦɛntrum]

| erupción (f) | wybuch (m) | ['vɨbuh] |
| lava (f) | lawa (ż) | ['ʎava] |

torbellino (m)	trąba (ż) powietrzna	['trɔ̃ba pɔ'vetʃna]
tornado (m)	tornado (n)	[tɔr'nadɔ]
tifón (m)	tajfun (m)	['tajfun]

huracán (m)	huragan (m)	[hu'ragan]
tempestad (f)	burza (ż)	['buʒa]
tsunami (m)	tsunami (n)	[ʦu'nami]

ciclón (m)	cyklon (m)	['ʦɨklɔn]
mal tiempo (m)	niepogoda (ż)	[nepɔ'gɔda]
incendio (m)	pożar (m)	['pɔʒar]

| catástrofe (f) | katastrofa (ż) | [katast'rɔfa] |
| meteorito (m) | meteoryt (m) | [mɛtɛ'ɔrɨt] |

avalancha (f)	lawina (ż)	[ʎa'vina]
alud (m) de nieve	lawina (ż)	[ʎa'vina]
ventisca (f)	zamieć (ż)	['zameʧ]
nevasca (f)	śnieżyca (ż)	[ɕne'ʒɨʦa]

LA FAUNA

87. Los mamíferos. Los predadores

carnívoro (m)	drapieżnik (m)	[dra'peʒnik]
tigre (m)	tygrys (m)	['tigris]
león (m)	lew (m)	[lef]
lobo (m)	wilk (m)	[viʎk]
zorro (m)	lis (m)	[lis]
jaguar (m)	jaguar (m)	[ja'guar]
leopardo (m)	lampart (m)	['ʎampart]
guepardo (m)	gepard (m)	['gɛpart]
pantera (f)	pantera (ż)	[pan'tɛra]
puma (f)	puma (ż)	['puma]
leopardo (m) de las nieves	irbis (m)	['irbis]
lince (m)	ryś (m)	[riɕ]
coyote (m)	kojot (m)	['kɔ3t]
chacal (m)	szakal (m)	['ʃakaʎ]
hiena (f)	hiena (ż)	['hʰena]

88. Los animales salvajes

animal (m)	zwierzę (n)	['zveʒɛ̃]
bestia (f)	dzikie zwierzę (n)	['dʒike 'zveʒɛ̃]
ardilla (f)	wiewiórka (ż)	[ve'vyrka]
erizo (m)	jeż (m)	[eʃ]
liebre (f)	zając (m)	['zaɔ̃ts]
conejo (m)	królik (m)	['krulik]
tejón (m)	borsuk (m)	['bɔrsuk]
mapache (m)	szop (m)	[ʃɔp]
hámster (m)	chomik (m)	['hɔmik]
marmota (f)	świstak (m)	['ɕfistak]
topo (m)	kret (m)	[krɛt]
ratón (m)	mysz (ż)	[miʃ]
rata (f)	szczur (m)	[ʃtʃur]
murciélago (m)	nietoperz (m)	[ne'tɔpɛʃ]
armiño (m)	gronostaj (m)	[grɔ'nɔstaj]
cebellina (f)	soból (m)	['sɔbuʎ]
marta (f)	kuna (ż)	['kuna]
comadreja (f)	łasica (ż)	[wa'ɕitsa]
visón (m)	norka (ż)	['nɔrka]

| castor (m) | bóbr (m) | [bubr] |
| nutria (f) | wydra (ż) | ['vidra] |

caballo (m)	koń (m)	[kɔɲ]
alce (m)	łoś (m)	[wɔɕ]
ciervo (m)	jeleń (m)	['elɛɲ]
camello (m)	wielbłąd (m)	['vɛʎbwɔ̃t]

bisonte (m)	bizon (m)	['bizɔn]
uro (m)	żubr (m)	[ʒubr]
búfalo (m)	bawół (m)	['bavuw]

cebra (f)	zebra (ż)	['zɛbra]
antílope (m)	antylopa (ż)	[anti'lɔpa]
corzo (m)	sarna (ż)	['sarna]
gamo (m)	łania (ż)	['waɲa]
gamuza (f)	kozica (ż)	[kɔ'ʒitsa]
jabalí (m)	dzik (m)	[dʑik]

ballena (f)	wieloryb (m)	[ve'lɔrip]
foca (f)	foka (ż)	['fɔka]
morsa (f)	mors (m)	[mɔrs]
oso (m) marino	kot (m) morski	[kɔt 'mɔrski]
delfín (m)	delfin (m)	['dɛʎfin]

oso (m)	niedźwiedź (m)	['nedʑivetʃ]
oso (m) blanco	niedźwiedź (m) polarny	['nedʑivetʃ pɔ'ʎarni]
panda (f)	panda (ż)	['panda]

mono (m)	małpa (ż)	['mawpa]
chimpancé (m)	szympans (m)	['ʃimpans]
orangután (m)	orangutan (m)	[ɔra'ŋutan]
gorila (m)	goryl (m)	['gɔriʎ]
macaco (m)	makak (m)	['makak]
gibón (m)	gibon (m)	['gibɔn]

elefante (m)	słoń (m)	['swɔɲ]
rinoceronte (m)	nosorożec (m)	[nɔsɔ'rɔʒɛts]
jirafa (f)	żyrafa (ż)	[ʒi'rafa]
hipopótamo (m)	hipopotam (m)	[hipɔ'pɔtam]

| canguro (m) | kangur (m) | ['kaŋur] |
| koala (f) | koala (ż) | [kɔ'aʎa] |

mangosta (f)	mangusta (ż)	[ma'ŋusta]
chinchilla (f)	szynszyla (ż)	[ʃin'ʃiʎa]
mofeta (f)	skunks (m)	[skuŋks]
espín (m)	jeżozwierz (m)	[e'ʒɔzveʃ]

89. Los animales domésticos

gata (f)	kotka (ż)	['kɔtka]
gato (m)	kot (m)	[kɔt]
perro (m)	pies (m)	[pes]

caballo (m)	koń (m)	[kɔɲ]
garañón (m)	źrebak (m), ogier (m)	['zʲrɛbak], ['ɔgjer]
yegua (f)	klacz (ż)	[kʎatʃ]

vaca (f)	krowa (ż)	['krɔva]
toro (m)	byk (m)	[bɨk]
buey (m)	wół (m)	[vuw]

oveja (f)	owca (ż)	['ɔftsa]
carnero (m)	baran (m)	['baran]
cabra (f)	koza (ż)	['kɔza]
cabrón (m)	kozioł (m)	['kɔʒʒw]

| asno (m) | osioł (m) | ['ɔɕʒw] |
| mulo (m) | muł (m) | [muw] |

cerdo (m)	świnia (ż)	['ɕfiɲa]
cerdito (m)	prosiak (m)	['prɔɕak]
conejo (m)	królik (m)	['krulik]

| gallina (f) | kura (ż) | ['kura] |
| gallo (m) | kogut (m) | ['kɔgut] |

pato (m)	kaczka (ż)	['katʃka]
ánade (m)	kaczor (m)	['katʃor]
ganso (m)	gęś (ż)	[gɛ̃ɕ]

| pavo (m) | indyk (m) | ['indɨk] |
| pava (f) | indyczka (ż) | [in'dɨtʃka] |

animales (m pl) domésticos	zwierzęta (l.mn.) domowe	[zve'ʒɛnta dɔ'mɔvɛ]
domesticado (adj)	oswojony	[ɔsfɔʒnɨ]
domesticar (vt)	oswajać	[ɔs'fajatʃ]
criar (vt)	hodować	[hɔ'dɔvatʃ]

granja (f)	ferma (ż)	['fɛrma]
aves (f pl) de corral	drób (m)	[drup]
ganado (m)	bydło (n)	['bɨdwɔ]
rebaño (m)	stado (n)	['stadɔ]

caballeriza (f)	stajnia (ż)	['stajɲa]
porqueriza (f)	chlew (m)	[hlef]
vaquería (f)	obora (ż)	[ɔ'bɔra]
conejal (m)	klatka (ż) dla królików	['klatka dʎa krɔ'likɔf]
gallinero (m)	kurnik (m)	['kurnik]

90. Los pájaros

pájaro (m)	ptak (m)	[ptak]
paloma (f)	gołąb (m)	['gɔwɔ̃p]
gorrión (m)	wróbel (m)	['vrubɛʎ]
paro (m)	sikorka (ż)	[ɕi'kɔrka]
cotorra (f)	sroka (ż)	['srɔka]
cuervo (m)	kruk (m)	[kruk]

corneja (f)	wrona (ż)	['vrɔna]
chova (f)	kawka (ż)	['kafka]
grajo (m)	gawron (m)	['gavrɔn]
pato (m)	kaczka (ż)	['katʃka]
ganso (m)	gęś (ż)	[gɛ̃ɕ]
faisán (m)	bażant (m)	['baʒant]
águila (f)	orzeł (m)	['ɔʒɛw]
azor (m)	jastrząb (m)	['jastʃɔ̃p]
halcón (m)	sokół (m)	['sɔkuw]
buitre (m)	sęp (m)	[sɛ̃p]
cóndor (m)	kondor (m)	['kɔndɔr]
cisne (m)	łabędź (m)	['wabɛ̃tɕ]
grulla (f)	żuraw (m)	['ʒuraf]
cigüeña (f)	bocian (m)	['bɔtɕan]
loro (m), papagayo (m)	papuga (ż)	[pa'puga]
colibrí (m)	koliber (m)	[kɔ'libɛr]
pavo (m) real	paw (m)	[paf]
avestruz (m)	struś (m)	[struɕ]
garza (f)	czapla (ż)	['tʃapʎa]
flamenco (m)	flaming (m)	['fʎamiŋ]
pelícano (m)	pelikan (m)	[pɛ'likan]
ruiseñor (m)	słowik (m)	['swɔvik]
golondrina (f)	jaskółka (ż)	[jas'kuwka]
tordo (m)	drozd (m)	[drɔst]
zorzal (m)	drozd śpiewak (m)	[drɔst 'ɕpevak]
mirlo (m)	kos (m)	[kɔs]
vencejo (m)	jerzyk (m)	['eʒik]
alondra (f)	skowronek (m)	[skɔv'rɔnɛk]
codorniz (f)	przepiórka (ż)	[pʃɛ'pyrka]
pico (m)	dzięcioł (m)	['dʑɛ̃tɕow]
cuco (m)	kukułka (ż)	[ku'kuwka]
lechuza (f)	sowa (ż)	['sɔva]
búho (m)	puchacz (m)	['puhatʃ]
urogallo (m)	głuszec (m)	['gwuʃɛts]
gallo lira (m)	cietrzew (m)	['tɕetʃɛf]
perdiz (f)	kuropatwa (ż)	[kurɔ'patfa]
estornino (m)	szpak (m)	[ʃpak]
canario (m)	kanarek (m)	[ka'narɛk]
ortega (f)	jarząbek (m)	[ja'ʒɔ̃bɛk]
pinzón (m)	zięba (ż)	['ʒɛ̃ba]
camachuelo (m)	gil (m)	[giʎ]
gaviota (f)	mewa (ż)	['mɛva]
albatros (m)	albatros (m)	[aʎ'batrɔs]
pingüino (m)	pingwin (m)	['piŋvin]

91. Los peces. Los animales marinos

brema (f)	leszcz (m)	[lɛʃtʃ]
carpa (f)	karp (m)	[karp]
perca (f)	okoń (m)	['ɔkɔɲ]
siluro (m)	sum (m)	[sum]
lucio (m)	szczupak (m)	['ʃtʃupak]
salmón (m)	łosoś (m)	['wɔsɔɕ]
esturión (m)	jesiotr (m)	['eɕɜtr]
arenque (m)	śledź (m)	[ɕletʃ]
salmón (m) del Atlántico	łosoś (m)	['wɔsɔɕ]
caballa (f)	makrela (ż)	[mak'rɛla]
lenguado (m)	flądra (ż)	[flɔ̃dra]
lucioperca (m)	sandacz (m)	['sandatʃ]
bacalao (m)	dorsz (m)	[dɔrʃ]
atún (m)	tuńczyk (m)	['tuɲtʃik]
trucha (f)	pstrąg (m)	[pstrɔ̃k]
anguila (f)	węgorz (m)	['vɛŋɔʃ]
tembladera (f)	drętwa (ż)	['drɛntfa]
morena (f)	murena (ż)	[mu'rɛna]
piraña (f)	pirania (ż)	[pi'raɲja]
tiburón (m)	rekin (m)	['rɛkin]
delfín (m)	delfin (m)	['dɛʎfin]
ballena (f)	wieloryb (m)	[ve'lɜrɨp]
centolla (f)	krab (m)	[krap]
medusa (f)	meduza (ż)	[mɛ'duza]
pulpo (m)	ośmiornica (ż)	[ɔɕmɜr'niɬsa]
estrella (f) de mar	rozgwiazda (ż)	[rɔzg'vʲazda]
erizo (m) de mar	jeżowiec (m)	[e'ʒɔveɬs]
caballito (m) de mar	konik (m) morski	['kɔnik 'mɔrski]
ostra (f)	ostryga (ż)	[ɔst'rɨga]
camarón (m)	krewetka (ż)	[krɛ'vɛtka]
bogavante (m)	homar (m)	['hɔmar]
langosta (f)	langusta (ż)	[ʎa'ŋusta]

92. Los anfibios. Los reptiles

serpiente (f)	wąż (m)	[vɔ̃ʃ]
venenoso (adj)	jadowity	[jadɔ'viti]
víbora (f)	żmija (ż)	['ʒmija]
cobra (f)	kobra (ż)	['kɔbra]
pitón (m)	pyton (m)	['pɨtɔn]
boa (f)	wąż dusiciel (m)	[vɔ̃ʒ du'ɕitʃeʎ]
culebra (f)	zaskroniec (m)	[zask'rɔneɬs]

| serpiente (m) de cascabel | grzechotnik (m) | [gʒɛˈhɔtnik] |
| anaconda (f) | anakonda (z) | [anaˈkɔnda] |

lagarto (f)	jaszczurka (ż)	[jaʃˈʃurka]
iguana (f)	legwan (m)	[ˈlegvan]
varano (m)	waran (m)	[ˈvaran]
salamandra (f)	salamandra (z)	[saʎaˈmandra]
camaleón (m)	kameleon (m)	[kamɛˈleɔn]
escorpión (m)	skorpion (m)	[ˈskɔrpʰʒn]

tortuga (f)	żółw (m)	[ʒuwf]
rana (f)	żaba (z)	[ˈʒaba]
sapo (m)	ropucha (z)	[rɔˈpuha]
cocodrilo (m)	krokodyl (m)	[krɔˈkɔdɨʎ]

93. Los insectos

insecto (m)	owad (m)	[ˈɔvat]
mariposa (f)	motyl (m)	[ˈmɔtɨʎ]
hormiga (f)	mrówka (z)	[ˈmrufka]
mosca (f)	mucha (z)	[ˈmuha]
mosquito (m) (picadura de ~)	komar (m)	[ˈkɔmar]
escarabajo (m)	żuk (m), chrząszcz (m)	[ʒuk], [hʃɔ̃ʃʧ]

avispa (f)	osa (z)	[ˈɔsa]
abeja (f)	pszczoła (z)	[ˈpʃʧɔwa]
abejorro (m)	trzmiel (m)	[ʧmeʎ]
moscardón (m)	giez (m)	[ges]

| araña (f) | pająk (m) | [ˈpaɔ̃k] |
| telaraña (f) | pajęczyna (z) | [paɛ̃tˈʃina] |

libélula (f)	ważka (z)	[ˈvaʃka]
saltamontes (m)	konik (m) polny	[ˈkɔnik ˈpɔʎnɨ]
mariposa (f) nocturna	omacnica (z)	[ɔmatsˈnitsa]

cucaracha (f)	karaluch (m)	[kaˈralyh]
garrapata (f)	kleszcz (m)	[kleʃʧ]
pulga (f)	pchła (z)	[phwa]
mosca (f) negra	meszka (z)	[ˈmɛʃka]

langosta (f)	szarańcza (z)	[ʃaˈraɲʧa]
caracol (m)	ślimak (m)	[ˈɕlimak]
grillo (m)	świerszcz (m)	[ɕferʃʧ]
luciérnaga (f)	robaczek (m) świętojański	[rɔˈbatʃɛk ɕfɛ̃tɔˈjaɲski]
mariquita (f)	biedronka (z)	[bedˈrɔŋka]
escarabajo (m) sanjuanero	chrabąszcz (m) majowy	[ˈhrabɔ̃ʃʧ maʒvɨ]

sanguijuela (f)	pijawka (z)	[piˈjafka]
oruga (f)	gąsienica (z)	[gɔ̃ɕeˈnitsa]
gusano (m)	robak (m)	[ˈrɔbak]
larva (f)	poczwarka (z)	[pɔʧˈfarka]

LA FLORA

94. Los árboles

árbol (m)	drzewo (n)	['dʒɛvɔ]
foliáceo (adj)	liściaste	[liɕ'tʃastɛ]
conífero (adj)	iglaste	[ig'ʎastɛ]
de hoja perenne	wiecznie zielony	[vetʃnɛʒe'lɔnɨ]
manzano (m)	jabłoń (ż)	['jabwɔɲ]
peral (m)	grusza (ż)	['gruʃa]
cerezo (m)	czereśnia (ż)	[tʃɛ'rɛɕɲa]
guindo (m)	wiśnia (ż)	['viɕɲa]
ciruelo (m)	śliwa (ż)	['ɕliva]
abedul (m)	brzoza (ż)	['bʒɔza]
roble (m)	dąb (m)	[dɔ̃p]
tilo (m)	lipa (ż)	['lipa]
pobo (m)	osika (ż)	[ɔ'ɕika]
arce (m)	klon (m)	['klɔn]
picea (m)	świerk (m)	['ɕferk]
pino (m)	sosna (ż)	['sɔsna]
alerce (m)	modrzew (m)	['mɔdʒɛf]
abeto (m)	jodła (ż)	[Ɉdwa]
cedro (m)	cedr (m)	[tsɛdr]
álamo (m)	topola (ż)	[tɔ'pɔʎa]
serbal (m)	jarzębina (ż)	[jaʒɛ̃'bina]
sauce (m)	wierzba iwa (ż)	['veʒba 'iva]
aliso (m)	olcha (ż)	['ɔʎha]
haya (f)	buk (m)	[buk]
olmo (m)	wiąz (m)	[võz]
fresno (m)	jesion (m)	['eɕɔn]
castaño (m)	kasztan (m)	['kaʃtan]
magnolia (f)	magnolia (ż)	[mag'nɔʎja]
palmera (f)	palma (ż)	['paʎma]
ciprés (m)	cyprys (m)	['tsɨpris]
mangle (m)	drzewo (n) mangrowe	['dʒɛvɔ man'rɔvɛ]
baobab (m)	baobab (m)	[ba'ɔbap]
eucalipto (m)	eukaliptus (m)	[ɛuka'liptus]
secoya (f)	sekwoja (ż)	[sɛk'fɔja]

95. Los arbustos

mata (f)	krzew (m)	[kʃɛf]
arbusto (m)	krzaki (l.mn.)	['kʃaki]

| vid (f) | winorośl (ż) | [vi'nɔrɔɕʎ] |
| viñedo (m) | winnica (ż) | [vi'ɲiʦa] |

frambueso (m)	malina (ż)	[ma'lina]
grosellero (f) rojo	porzeczka (ż) czerwona	[pɔ'ʒɛʧka ʧɛr'vɔna]
grosellero (m) espinoso	agrest (m)	['agrɛst]

acacia (f)	akacja (ż)	[a'kaʦʰja]
berberís (m)	berberys (m)	[bɛr'bɛris]
jazmín (m)	jaśmin (m)	['jaɕmin]

enebro (m)	jałowiec (m)	[ja'wɔveʦ]
rosal (m)	róża (ż)	['ruʒa]
escaramujo (m)	dzika róża (ż)	['dʑika 'ruʒa]

96. Las frutas. Las bayas

fruto (m)	owoc (m)	['ɔvɔʦ]
frutos (m pl)	owoce (l.mn.)	[ɔ'vɔʦɛ]
manzana (f)	jabłko (n)	['jabkɔ]
pera (f)	gruszka (ż)	['gruʃka]
ciruela (f)	śliwka (ż)	['ɕlifka]

fresa (f)	truskawka (ż)	[trus'kafka]
guinda (f)	wiśnia (ż)	['viɕɲa]
cereza (f)	czereśnia (ż)	[ʧɛ'rɛɕɲa]
uva (f)	winogrona (l.mn.)	[vinɔg'rɔna]

frambuesa (f)	malina (ż)	[ma'lina]
grosella (f) negra	czarna porzeczka (ż)	['ʧarna pɔ'ʒɛʧka]
grosella (f) roja	czerwona porzeczka (ż)	[ʧɛr'vɔna pɔ'ʒɛʧka]

| grosella (f) espinosa | agrest (m) | ['agrɛst] |
| arándano (m) agrio | żurawina (ż) | [ʒura'vina] |

naranja (f)	pomarańcza (ż)	[pɔma'raɲʧa]
mandarina (f)	mandarynka (ż)	[manda'riŋka]
ananás (m)	ananas (ż)	[a'nanas]

| banana (f) | banan (m) | ['banan] |
| dátil (m) | daktyl (m) | ['daktil] |

limón (m)	cytryna (ż)	[ʦit'rina]
albaricoque (m)	morela (ż)	[mɔ'rɛʎa]
melocotón (m)	brzoskwinia (ż)	[bʒɔsk'fiɲa]

| kiwi (m) | kiwi (n) | ['kivi] |
| pomelo (m) | grejpfrut (m) | ['grɛjpfrut] |

baya (f)	jagoda (ż)	[ja'gɔda]
bayas (f pl)	jagody (l.mn.)	[ja'gɔdi]
arándano (m) rojo	borówka (ż)	[bɔ'rufka]
fresa (f) silvestre	poziomka (ż)	[pɔ'ʒɔmka]
arándano (m)	borówka (ż) czarna	[bɔ'rɔfka 'ʧarna]

97. Las flores. Las plantas

flor (f)	kwiat (m)	[kfʲat]
ramo (m) de flores	bukiet (m)	['buket]
rosa (f)	róża (ż)	['ruʒa]
tulipán (m)	tulipan (m)	[tu'lipan]
clavel (m)	goździk (m)	['gɔzʲdʑik]
gladiolo (m)	mieczyk (m)	['metʃik]
aciano (m)	bławatek (m)	[bwa'vatɛk]
campanilla (f)	dzwonek (m)	['dzvɔnɛk]
diente (m) de león	dmuchawiec (m)	[dmu'havets]
manzanilla (f)	rumianek (m)	[ru'mʲanɛk]
áloe (m)	aloes (m)	[a'lɜɛs]
cacto (m)	kaktus (m)	['kaktus]
ficus (m)	fikus (m)	['fikus]
azucena (f)	lilia (ż)	['liʎja]
geranio (m)	pelargonia (ż)	[pɛʎar'gɔɲja]
jacinto (m)	hiacynt (m)	['hʲjatsint]
mimosa (f)	mimoza (ż)	[mi'mɔza]
narciso (m)	narcyz (m)	['nartsis]
capuchina (f)	nasturcja (ż)	[nas'turtsʲja]
orquídea (f)	orchidea (ż)	[ɔrhi'dɛa]
peonía (f)	piwonia (ż)	[pi'vɔɲja]
violeta (f)	fiołek (m)	[fʲɜwɛk]
trinitaria (f)	bratek (m)	['bratɛk]
nomeolvides (f)	niezapominajka (ż)	[nezapɔmi'najka]
margarita (f)	stokrotka (ż)	[stɔk'rɔtka]
amapola (f)	mak (m)	[mak]
cáñamo (m)	konopie (l.mn.)	[kɔ'nɔpje]
menta (f)	mięta (ż)	['menta]
muguete (m)	konwalia (ż)	[kɔn'vaʎja]
campanilla (f) de las nieves	przebiśnieg (m)	[pʃɛ'biɕnek]
ortiga (f)	pokrzywa (ż)	[pɔk'ʃiva]
acedera (f)	szczaw (m)	[ʃtʃaf]
nenúfar (m)	lilia wodna (ż)	['liʎja 'vɔdna]
helecho (m)	paproć (ż)	['paprɔtʃ]
liquen (m)	porost (m)	['pɔrɔst]
invernadero (m) tropical	szklarnia (ż)	['ʃkʎarɲa]
césped (m)	trawnik (m)	['travnik]
macizo (m) de flores	klomb (m)	['klɜmp]
planta (f)	roślina (ż)	[rɔɕ'lina]
hierba (f)	trawa (ż)	['trava]
hoja (f) de hierba	źdźbło (n)	[zʲdʑʲbwɔ]

hoja (f)	liść (m)	[liɕʧ]
pétalo (m)	płatek (m)	['pwatɛk]
tallo (m)	łodyga (ż)	[wɔ'dɨga]
tubérculo (m)	bulwa (ż)	['buʎva]
retoño (m)	kiełek (m)	['kewɛk]
espina (f)	kolec (m)	['kɔlets]
florecer (vi)	kwitnąć	['kfitnɔ̃ʧ]
marchitarse (vr)	więdnąć	['vendnɔ̃ʧ]
olor (m)	zapach (m)	['zapah]
cortar (vt)	ściąć	[ɕʧɔ̃ʲʧ]
coger (una flor)	zerwać	['zɛrvaʧ]

98. Los cereales, los granos

grano (m)	zboże (n)	['zbɔʒɛ]
cereales (m pl) (plantas)	zboża (l.mn.)	['zbɔʒa]
espiga (f)	kłos (m)	[kwɔs]
trigo (m)	pszenica (ż)	[pʃɛ'nitsa]
centeno (m)	żyto (n)	['ʒɨtɔ]
avena (f)	owies (m)	['ɔves]
mijo (m)	proso (n)	['prɔsɔ]
cebada (f)	jęczmień (m)	['entʃmɛ̃]
maíz (m)	kukurydza (ż)	[kuku'ridza]
arroz (m)	ryż (m)	[riʃ]
alforfón (m)	gryka (ż)	['grika]
guisante (m)	groch (m)	[grɔh]
fréjol (m)	fasola (ż)	[fa'sɔʎa]
soya (f)	soja (ż)	['sɔja]
lenteja (f)	soczewica (ż)	[sɔʧɛ'vitsa]
habas (f pl)	bób (m)	[bup]

LOS PAÍSES

99. Los países. Unidad 1

Afganistán (m)	**Afganistan** (n)	[avga'nistan]
Albania (f)	**Albania** (z)	[aʎ'baɲja]
Alemania (f)	**Niemcy** (l.mn.)	['nemtsi]
Arabia (f) Saudita	**Arabia** (z) **Saudyjska**	[a'rabʰja sau'dijska]
Argentina (f)	**Argentyna** (z)	[argɛn'tina]
Armenia (f)	**Armenia** (z)	[ar'mɛɲja]
Australia (f)	**Australia** (z)	[aust'raʎja]
Austria (f)	**Austria** (z)	['austrʰja]
Azerbaidzhán (m)	**Azerbejdżan** (m)	[azɛr'bɛjdʒan]
Bangladesh (m)	**Bangladesz** (m)	[baŋʎa'dɛʃ]
Bélgica (f)	**Belgia** (z)	['bɛʎgʰja]
Bielorrusia (f)	**Białoruś** (z)	[bʲa'woruɕ]
Bolivia (f)	**Boliwia** (z)	[bɔ'livʰja]
Bosnia y Herzegovina	**Bośnia i Hercegowina** (z)	['bɔɕɲa i hɛrtsɛgɔ'vina]
Brasil (f)	**Brazylia** (z)	[bra'ziʎja]
Bulgaria (f)	**Bułgaria** (z)	[buw'garʰja]
Camboya (f)	**Kambodża** (z)	[kam'bɔdʒa]
Canadá (f)	**Kanada** (z)	[ka'nada]
Chequia (f)	**Czechy** (l.mn.)	['tʃɛhi]
Chile (m)	**Chile** (n)	['tʃile]
China (f)	**Chiny** (l.mn.)	['hini]
Chipre (m)	**Cypr** (m)	[tsipr]
Colombia (f)	**Kolumbia** (z)	[kɔ'lymbʰja]
Corea (f) del Norte	**Korea** (z) **Północna**	[kɔ'rɛa puw'nɔtsna]
Corea (f) del Sur	**Korea** (z) **Południowa**	[kɔ'rɛa powud'nɔva]
Croacia (f)	**Chorwacja** (z)	[hɔr'vatsʰja]
Cuba (f)	**Kuba** (z)	['kuba]
Dinamarca (f)	**Dania** (z)	['daɲja]
Ecuador (m)	**Ekwador** (m)	[ɛk'fadɔr]
Egipto (m)	**Egipt** (m)	['ɛgipt]
Emiratos (m pl) Árabes Unidos	**Zjednoczone Emiraty Arabskie**	[zʰednɔt'ʃɔnɛ ɛmi'ratɨ a'rapske]
Escocia (f)	**Szkocja** (z)	['ʃkɔtsʰja]
Eslovaquia (f)	**Słowacja** (z)	[swɔ'vatsʰja]
Eslovenia	**Słowenia** (z)	[swɔ'vɛɲja]
España (f)	**Hiszpania** (z)	[hiʃ'paɲja]
Estados Unidos de América (m pl)	**Stany** (l.mn.) **Zjednoczone Ameryki**	['stanɨ zʰednɔt'ʃɔnɛ a'mɛriki]
Estonia (f)	**Estonia** (z)	[ɛs'tɔɲja]
Finlandia (f)	**Finlandia** (z)	[fin'ʎandʰja]
Francia (f)	**Francja** (z)	['frantsʰja]

100. Los países. Unidad 2

Georgia (f)	Gruzja (ż)	['gruzʰja]
Ghana (f)	Ghana (ż)	['gana]
Gran Bretaña (f)	Wielka Brytania (ż)	['veʎka bri'taɲja]
Grecia (f)	Grecja (ż)	['grɛtsʰja]
Haití (m)	Haiti (n)	[ha'iti]
Hungría (f)	Węgry (l.mn.)	['vɛŋri]

India (f)	Indie (l.mn.)	['indʰe]
Indonesia (f)	Indonezja (ż)	[indɔ'nɛzʰja]
Inglaterra (f)	Anglia (ż)	['aŋʎja]
Irak (m)	Irak (m)	['irak]
Irán (m)	Iran (m)	['iran]
Irlanda (f)	Irlandia (ż)	[ir'ʎandʰja]
Islandia (f)	Islandia (ż)	[is'ʎandʰja]
Islas (f pl) Bahamas	Wyspy (l.mn.) Bahama	['vispɨ ba'hama]
Israel (m)	Izrael (m)	[iz'raɛʎ]
Italia (f)	Włochy (l.mn.)	['vwɔhɨ]

Jamaica (f)	Jamajka (ż)	[ja'majka]
Japón (m)	Japonia (ż)	[ja'pɔɲja]
Jordania (f)	Jordania (ż)	[ɜr'daɲja]

Kazajstán (m)	Kazachstan (m)	[ka'zahstan]
Kenia (f)	Kenia (ż)	['kɛɲja]
Kirguizistán (m)	Kirgizja (ż), Kirgistan (m)	[kir'gizʰja], [kir'gistan]
Kuwait (m)	Kuwejt (m)	['kuvɛjt]

Laos (m)	Laos (m)	['ʎaɔs]
Letonia (f)	Łotwa (ż)	['wɔtfa]
Líbano (m)	Liban (m)	['liban]
Libia (f)	Libia (ż)	['libʰja]
Liechtenstein (m)	Liechtenstein (m)	['lihtɛnʃtajn]
Lituania (f)	Litwa (ż)	['litfa]
Luxemburgo (m)	Luksemburg (m)	['lyksɛmburk]

Macedonia	Macedonia (ż)	[matsɛ'dɔɲja]
Madagascar (m)	Madagaskar (m)	[mada'gaskar]
Malasia (f)	Malezja (ż)	[ma'lezʰja]
Malta (f)	Malta (ż)	['maʎta]
Marruecos (m)	Maroko (n)	[ma'rɔkɔ]
Méjico (m)	Meksyk (m)	['mɛksɨk]
Moldavia (f)	Mołdawia (ż)	[mɔw'davʰja]
Mónaco (m)	Monako (n)	[mɔ'nakɔ]
Mongolia (f)	Mongolia (ż)	[mɔ'ŋɔʎja]
Montenegro (m)	Czarnogóra (ż)	[tʃarnɔ'gura]
Myanmar (m)	Mjanma (ż)	['mjanma]

101. Los países. Unidad 3

Namibia (f)	Namibia (ż)	[na'mibʰja]
Nepal (m)	Nepal (m)	['nɛpaʎ]

| Noruega (f) | Norwegia (z) | [nɔr'vɛgʰja] |
| Nueva Zelanda (f) | Nowa Zelandia (z) | ['nɔva zɛ'ʎandʰja] |

Países Bajos (m pl)	Niderlandy (l.mn.)	[nidɛr'ʎandi]
Pakistán (m)	Pakistan (m)	[pa'kistan]
Palestina (f)	Autonomia (z) Palestyńska	[autɔ'nɔmʰja pales'tiɲska]
Panamá (f)	Panama (z)	[pa'nama]
Paraguay (m)	Paragwaj (m)	[pa'ragvaj]
Perú (m)	Peru (n)	['pɛru]
Polinesia (f) Francesa	Polinezja (z) Francuska	[pɔli'nɛzʰja fran'tsuska]
Polonia (f)	Polska (z)	['pɔʎska]
Portugal (f)	Portugalia (z)	[pɔrtu'gaʎja]

República (f) Dominicana	Dominikana (z)	[dɔmini'kana]
República (f) Sudafricana	Afryka (z) Południowa	['afrika pɔwud'nɜva]
Rumania (f)	Rumunia (z)	[ru'muɲja]
Rusia (f)	Rosja (z)	['rɔsʰja]

Senegal	Senegal (m)	[sɛ'nɛgaʎ]
Serbia (f)	Serbia (z)	['sɛrbʰja]
Siria (f)	Syria (z)	['sɨrʰja]
Suecia (f)	Szwecja (z)	['ʃfɛtsʰja]
Suiza (f)	Szwajcaria (z)	[ʃfaj'tsarʰja]
Surinam (m)	Surinam (m)	[su'rinam]

Tayikistán (m)	Tadżykistan (m)	[tadʒi'kistan]
Tailandia (f)	Tajlandia (z)	[taj'ʎandʰja]
Taiwán (m)	Tajwan (m)	['tajvan]
Tanzania (f)	Tanzania (z)	[tan'zaɲja]
Tasmania (f)	Tasmania (z)	[tas'maɲja]
Túnez (m)	Tunezja (z)	[tu'nɛzʰja]
Turkmenia (f)	Turkmenia (z)	[turk'mɛɲja]
Turquía (f)	Turcja (z)	['turtsʰja]

Ucrania (f)	Ukraina (z)	[ukra'ina]
Uruguay (m)	Urugwaj (m)	[u'rugvaj]
Uzbekistán (m)	Uzbekistan (m)	[uzbɛ'kistan]
Vaticano (m)	Watykan (m)	[va'tɨkan]
Venezuela (f)	Wenezuela (z)	[vɛnɛzu'ɛʎa]
Vietnam (m)	Wietnam (m)	['vʰetnam]
Zanzíbar (m)	Zanzibar (m)	[zan'zibar]

Made in the USA
Columbia, SC
28 November 2018